ANNA MARIA GÖBEL

Klug getrennt – erfolgreich geschieden

DIE BESTEN STRATEGIEN VON
@FRAU.SCHEIDUNGSANWALT

Wie du dir als Frau
deine Rechte sicherst,
dein Geld bekommst
und wieder frei atmest

humboldt

Inhalt

Dieses Buch ist dein Leitfaden, um stark, schlau und rechtlich abgesichert durch deine Trennung in das Leben zu kommen, das dir zusteht und das du verdienst.

Deine

Anna Maria

Keine Angst vor der Scheidung

Ja, ich weiß: Das hast du dir ganz anders vorgestellt und so nie gewollt! Jetzt hast du tatsächlich Geld für ein Buch ausgegeben, das sich mit Trennung und Scheidung befasst. Vielleicht hast du schon einen Spießrutenlauf in der Buchhandlung hinter dir, weil du nicht zum Tisch „Perfekte Urlaubslektüre“ gegangen bist, sondern dich zum Regal mit der peinlichen Überschrift „Ratgeber Scheidung“ geschlichen hast.

Ab jetzt wird es für dich leichter

Natürlich hast du es – wie wir alle – nie für möglich gehalten, dass du jemals ein solches Buch kaufen oder brauchen würdest. Schließlich hat es früher in den Märchen immer geheißen: „Und sie waren glücklich bis ans Ende ihrer Tage." Alle guten Märchen und schönen Filme hören immer dann auf, wenn das glückliche Paar vor dem Traualtar steht. Nie wird gezeigt, was danach kommt oder kommen kann. Und deswegen bist nicht nur du, sondern sind Millionen anderer Frauen von ihrem Leben danach so überrascht: weil man nicht darauf vorbereitet wird, was kommen kann – und in vielen Fällen auch kommt.

Du hast dir die Entscheidung, dich zu trennen oder scheiden zu lassen, bestimmt nicht leicht gemacht. Sie bedeutet nicht nur den Abschied von den persönlichen Cinderella-Träumen jeder Ehefrau, sondern bringt auch die Angst mit sich, ob du es wirklich allein schaffen kannst und ob du genug Geld zum Leben haben wirst. Deine Kinder sollen natürlich nicht darunter leiden, dass du ihnen den Vater „weggenommen" und die Familie „kaputt gemacht" hast. Zudem fürchtest du vielleicht die soziale Schande: dass gefühlt alle hinter deinem Rücken über dich reden und dich komisch anschauen. Denn eines Tages wird es offensichtlich sein, dass du „die Getrennte" bist. Was in den Augen deines Umfelds auch bedeuten kann, dass du es nicht geschafft hast, eine gute Ehefrau zu sein – eine, von der man sich nicht trennt und die sich umgekehrt nicht scheiden lassen möchte.

Aber mach dir keine Sorgen: So unüberwindbar dir die Situation auch vorkommt, so schwierig ist sie längst nicht. Wenn du diese Entscheidung einmal getroffen hast – sicherlich aus guten Gründen –, wird vieles leichter. Vor allem dann, wenn du einen Plan hast und weißt, was dich erwartet.

Dieses Buch soll dich nicht nur mit den rechtlichen Informationen unterstützen, die du brauchst, um zu erfahren, was dir zusteht. Du lernst darüber hinaus strategische Überlegungen und typische „Fallen" kennen – Punkte, die du nicht an einen Anwalt outsourcen kannst. Er kann dir zwar sagen, wie die Dinge rechtlich liegen, aber er kann dir keine Entscheidungen abnehmen, die dich selbst und dein Leben betreffen.

Du wirst deinen Partner mit hoher Wahrscheinlichkeit von einer ganz neuen Seite kennenlernen – eine Seite, die dich vermutlich überraschen wird. Hier erfährst du typische Verhaltensmuster nach einer Trennung. Sie müssen nicht auftreten, doch falls sie es tun, bist du nicht überrumpelt, sondern vorbereitet. Du weißt dann – so wie eine Ärztin in der letzten Phase einer Geburt weiß, dass alles nach Plan verläuft, wenn die Frau plötzlich anfängt zu fluchen und zu schimpfen –, dass der Prozess genau so abläuft, wie er ablaufen muss. Denn diese unschönen Phasen im Trennungsprozess sind normal, und du trägst keine Schuld daran.

Vielleicht hast du mein Buch auch gekauft, weil du dich erst einmal nur informieren möchtest. Weil du dich immer mal wieder, aber noch nicht final mit dem Gedanken einer Trennung beschäftigst – und weil es sich eigentlich noch nicht so schlimm anfühlt. In diesem Fall erfährst du hier, wie du dich umfassend auf eine mögliche Trennung vorbereiten kannst und worauf es ankommt, um dich bestmöglich zu positionieren.

Nach rund 28 Jahren im Familienrecht kann ich dir jedenfalls versichern: Du wirst dich nach spätestens drei Monaten deutlich besser fühlen – und nach sechs Monaten ein ganz anderer Mensch sein.

Begriffe, die dir begegnen werden

Ich verwende in meinem Buch viele juristische Begriffe, die auf den ersten Blick kompliziert wirken. Es ist aber wichtig, dass du dich mit ihnen vertraut machst, denn dabei geht es um Geld, Absicherung und wichtige Weichen für deine Zukunft! Lies die juristischen Begriffe zuerst einmal, ohne jedes Detail sofort verstehen zu wollen. Es reicht, wenn du ein Grundgefühl dafür bekommst, worum es geht.

Trennung und Scheidung

Antragsteller – Die Partei, die ein gerichtliches Verfahren eigeninitiativ einleitet, um eine rechtliche Regelung zu erreichen.

Ehegatte – Beide Partner einer Ehe werden als Ehegatten bezeichnet, unabhängig von Geschlecht oder Rollenverteilung.

Getrenntleben – Räumliche und persönliche Trennung von „Tisch und Bett".

Härtefallscheidung – Ausnahme vom Trennungsjahr bei unzumutbarer Härte (§ 1565 Abs. 2 BGB).

Rechtskraft – Zeitpunkt, ab dem die Scheidung endgültig wirksam ist.

Rechtsmittelfrist – Einmonatige Frist nach dem Scheidungstermin.

Rechtsmittelverzicht – Verzicht auf diese Frist, um sofort geschieden zu sein.

Scheidung – Die Auflösung der Ehe durch das Familiengericht.

Scheidungsantrag – Antrag eines Ehegatten beim Gericht, die Ehe zu scheiden.

Scheidungsbeschluss – Gerichtliche Entscheidung über die Scheidung.

Trennung – Die rechtlich relevante Entscheidung, die eheliche Lebensgemeinschaft nicht fortzuführen (§ 1567 BGB).

Trennungsjahr – Gesetzlich vorgeschriebene Zeit zwischen Trennung und möglicher Scheidungseinreichung.

Unterhalt und Geld

Auskunftsanspruch – Recht auf Offenlegung der Einkünfte des Ex-Partners.

Care-Arbeit – Unbezahlte Arbeit wie Kinderbetreuung und Haushalt.

Erwerbsobliegenheit – Die gesetzlich vorgeschriebene Pflicht, entgeltlich im Rahmen seiner Möglichkeiten arbeiten zu gehen.

Familieneinkommen – Gemeinsames Einkommen während der Ehe.

Indexieren – Die Anpassung eines Geldbetrags an die Inflationsentwicklung zur Wahrung seines realen Werts (beim Zugewinn).

Nachehelicher Unterhalt – Unterhalt nach der Scheidung.

Rechtlicher Elternteil – Elternteil eines Kindes, der das Kind entweder geboren hat (Mutter) oder durch Anerkennung oder gerichtliche Feststellung der Vaterschaft als rechtlicher Vater anerkannt ist.

Selbstbehalt – Betrag, der dem Unterhaltspflichtigen verbleiben muss.

Trennungsunterhalt – Unterhalt vom Trennungstag bis zur Scheidung.

Unterhalt wegen Kindesbetreuung – Anspruch bei Betreuung gemeinsamer Kinder.

Unterhalt wegen Lebensplanung – Ausgleich für gemeinsame Rollenverteilung in der Ehe.

Unterhaltsanspruch – Gesetzlicher Anspruch auf finanzielle Unterstützung.

Verzug – Zustand, wenn eine Leistung (Unterhalt) trotz Aufforderung nicht gezahlt oder erbracht wird.

Vermögen und Absicherung

Anfangsvermögen – Vermögen bei Eheschließung.

Endvermögen – Vermögen zum Zeitpunkt der Trennung.

Immobilie – Gemeinsames Haus oder Wohnung.

Miteigentumsanteil – Anteil an einer gemeinsam gehaltenen Immobilie/Vermögensgegenstand.
Stichtage – Hochzeit, Trennungstag, Zustellung des Scheidungsantrags.
Zugewinn – Differenz zwischen Anfangs- und Endvermögen.
Zugewinnausgleich – Ausgleich des in der Ehe erworbenen Vermögens.
Zugewinnausgleichsanspruch – Anspruch auf Zahlung des Vermögensausgleichs.
Zugewinnverfahren – Gerichtliches Verfahren zur Durchsetzung des Anspruchs.

Rente und Vorsorge

Antragspflichtiger Versorgungsausgleich – Nur auf Antrag bei kurzer Ehe.
Kurze Ehe – Ehe unter drei Jahren mit Besonderheiten beim Versorgungsausgleich.
Rentenanwartschaften – Rentenansprüche aus der Ehezeit.
Versorgungsausgleich – Aufteilung der während der Ehe erworbenen Rentenanwartschaften.

Kinder und Gericht

Anhörung des Kindes – Gesetzlich vorgeschriebene Anhörung durch das Gericht.
Elterliche Sorge – Verantwortung für Pflege, Erziehung, Gesundheit und Vermögen des Kindes.
Kindeswohl – Maßstab aller gerichtlichen Entscheidungen.
Sorgerecht – Rechtliche Entscheidungsbefugnis für das Kind.
Umgang – Kontaktregelung zwischen Kind und Elternteil.
Umgangsverfahren – Gerichtliches Verfahren zum Umgang.
Verfahrensbeistand – Vertretung der Interessen des Kindes.

Verfahren und Strategie

Aussetzung des Verfahrens – Pausieren des Gerichtsverfahrens.

Beweiserhebung – Gerichtliche Prüfung, ob die Ehe gescheitert ist.

Familiengericht – Zuständiges Gericht für alle familienrechtlichen Streitigkeiten (Scheidungssachen, Unterhalt, Vermögensaufteilung, Fragen um das Kind).

Gerichtsverfahren – Klärung von Ansprüchen durch richterliche Entscheidung.

Kostenfestsetzungsbeschluss – Entscheidung über Erstattung von Gerichtskosten.

Mündliche Verhandlung – Gerichtstermin zur Anhörung der Ehegatten.

Verbundantrag – Verbindung mehrerer Verfahren mit der Scheidung.

Verbundverfahren – Unterhalt, Zugewinn oder Umgang im Scheidungsverbund.

Verfahrenskostenhilfe – Staatliche Übernahme der Gerichtskosten bei Bedürftigkeit.

Verträge und Unterlagen, grundlegende Rechtsbegriffe

Ehevertrag – Notarieller Vertrag mit vom Gesetz abweichenden Regelungen.

Geburtsurkunden – Nachweise der gemeinsamen Kinder.

Heiratsurkunde – Nachweis der Eheschließung.

Kontoauszüge – Belege zur Vermögensaufklärung.

Rentenunterlagen – Dokumente für den Versorgungsausgleich.

Wirksamkeit des Ehevertrags – Rechtliche Gültigkeit des Vertrags.

Allgemeine Ehewirkungen – Rechte und Pflichten aus der Ehe (§§ 1353–1362 BGB).

BGB (Bürgerliches Gesetzbuch) – Zentrales Gesetz für Ehe und Scheidung.

Nacheheliche Solidarität – Rechtlicher Leitgedanke bei Unterhalt.

An wen sich mein Buch richtet

Mein Buch richtet sich an Frauen, die sich scheiden lassen wollen oder ernsthaft über eine Trennung nachdenken. Es arbeitet mit dem klassischen Bild von Ehe und Partnerschaft, nicht weil mir andere Lebensformen unbekannt oder weniger wertvoll wären, sondern weil das Familienrecht mit klaren Begriffen, Rollen und Strukturen arbeitet, die sich am gelebten Sachverhalt orientieren.

Selbstverständlich meine ich mit Ehe und Partnerschaft auch gleichgeschlechtliche Beziehungen, unterschiedliche Identitäten und moderne Lebensmodelle. Das Gesetz macht erfreulicherweise weniger Unterschiede, als man oft annimmt – denn vor dem Gesetz sind alle Menschen gleich.

Auf durchgängiges Gendern habe ich dennoch bewusst verzichtet. Nicht aus Ignoranz, sondern aus Rücksicht auf Verständlichkeit und Lesefluss – und auf Frauen, die sich in einer ohnehin belastenden Situation befinden und vor allem Klarheit brauchen. Zusätzliche Stolpersteine zwischen Sternchen, Doppelpunkten und Bindestrichen wollte ich vermeiden.

Gemeint sind also alle Menschen. Angesprochen werden Frauen. Und schreiben tue ich so, dass juristische Aufklärung nicht trocken wirkt, sondern verständlich bleibt. Denn auch wenn Trennungen keinen Spaß machen, hilft sprachliche Klarheit dabei, den Überblick zu behalten und am Ende selbstbestimmt zu handeln. So, genug Vorspann! Lass uns jetzt deinen Weg gemeinsam gehen.

Deine Rechte als Ehefrau

Eine Eheschließung ist mehr als Romantik und ein Ring am Finger. Sie sichert dir außerdem eine Vielzahl von Rechten: vom Anspruch auf Teilung des Vermögenszuwachses aus der Ehezeit bis hin zu deiner Absicherung im Krankheitsfall. In diesem Kapitel erfährst du, was dir nach dem Gesetz wirklich alles zusteht, welche Schwierigkeiten auftreten können und welche Drohungen du ignorieren darfst.

Deine Rechte als verheiratete Frau

Mit der Unterschrift vor dem Standesbeamten und dem symbolischen Anstecken der Ringe treten viele wunderbare Wirkungen des Gesetzes ein, die vielen gar nicht bewusst sind: die sogenannten allgemeinen Ehewirkungen. Dabei geht es keineswegs um romantisches Geschwätz, sondern um ganz konkrete rechtliche Folgen deiner Ehe. Diese Rechte und Pflichten sind klar im Gesetz geregelt, genauer gesagt in den §§ 1353 bis 1362 des Bürgerlichen Gesetzbuchs (BGB).

Juristische Folgen der Eheschließung

Auch bei den schnöden Rechtsfolgen einer Eheschließung gibt es viel Schönes und Gutes: Ihr seid nicht nur zur ehelichen Lebensgemeinschaft verpflichtet (§ 1353 BGB), sondern übernehmt damit auch Pflichten, die sich aus der Rechtsprechung entwickelt haben und den gemeinsamen Alltag tragen:

Ihr sollt euch gegenseitig achten und lieben, aufeinander in allen Belangen Rücksicht nehmen und euch – wie in der Kirche: in guten und in schlechten Tagen – gegenseitig beistehen.

Ihr sollt in häuslicher Gemeinschaft zusammenleben und nicht nur für euch gegenseitig sorgen, sondern auch für die in eurem gemeinsamen Haushalt aufgenommenen Kinder, wobei interessanterweise keine Unterscheidung gemacht wird, woher diese Kinder kommen und zu welchem Ehegatten sie ursprünglich „gehört haben" – da ist die Rechtsprechung großzügig.

Auch habt ihr überraschenderweise die Pflicht zur ehelichen Treue (wobei hier die Abweichung zwischen dem Soll- und Ist-Zustand nicht kommentiert werden soll), und ihr solltet euch über wesentliche Vermögensbewegungen informieren (auch kein Kommentar).

Eine weitere gänzlich unbekannte Pflicht ist der Anspruch auf Kenntnis darüber, was der andere Ehegatte verdient. Denke ich an all die vielen Ehen, in denen ein Ehepartner sich das Recht und den Spaß herausnimmt, dem anderen Ehegatten nicht zu sagen, wie viel er verdient, so sehe ich da noch viel Luft nach oben.

Ihr sollt einen gemeinsamen Ehenamen bestimmen und führen (§ 1355 BGB), was meist kein größeres Problem ist, wobei nach dem neuen Namensrecht auch andere Varianten zulässig sind.

Allerdings dürft ihr nach dem Leitbild des § 1356 BGB die Rollenverteilung in eurer Ehe gemeinsam frei wählen – in gegenseitigem Einvernehmen, was meist schon ein Garant für erste Diskussionen oder praktische Hürden ist. Denn spätestens, wenn das erste gemeinsame Kind geboren wird, ist klar, dass es Regelungsbedarf im Hinblick auf Rollenverteilung und Berufstätigkeit gibt: Säuglinge können nicht für sich selbst sorgen, kollidieren aufgrund des polyphasischen Schlafrhythmus nicht unerheblich mit der eigenen Tagesplanung eines Erwachsenen und können sich weder selbst mit Nahrung versorgen noch sich selbst über längere Zeit ohne Aufsicht überlassen werden. Das ist einem im Überschwang der ehelichen Gefühle in der Praxis meist im Detail nicht so ganz klar.

Einer der Ehegatten (oder im Idealfall beide) ist also kraft Tatsache der Existenz des Mini-Menschen gezwungen, sein bisheriges (Erwerbs-)Leben einzuschränken, neu zu ordnen und etwaige Karrierepläne zu verschieben oder zumindest neu zu definieren. Und ohne hier gegen Gleichberechtigung unken oder traditionelle Lebensformen propagieren zu wollen: Überraschenderweise ist das überwiegend noch die Frau.

Eine weitere Hürde der Rollenverteilung droht, wenn der geborene und geliebte Mini-Mensch selbstständiger wird und ein Ehegatte es schön findet, vormittags im Café oder auf dem Tennisplatz Freundinnen zu einem Schwätzchen zu treffen. Eine Rückkehr in den Beruf wäre durch Kindergarten- oder Schulbetreuung sehr wohl möglich, ist aber plötzlich nicht mehr gewollt. Denn der hauptsächlich das Kind betreuende Ehegatte hat – entgegen allen vorherigen Absprachen – gemerkt, dass es schöner und gemütlicher ist, die Nachmittage mit Freundinnen zu verbringen. Diese Nachmittage können sich dann später mit Fahrten zur musikalischen Früherziehung, gemütlichen Treffen in der Pekip-Gruppe oder sogar mit „Japanisch für Anfänger" füllen. Das alles ist schön für Frauen, aber gerade nicht so für ihre Männer.

Die eigentliche Schwierigkeit zeigt sich oft erst nach einer Trennung: wenn Frauen über Jahre aus dem Beruf raus waren, berufliche Entwicklungen verpasst haben und nach 20 Jahren Ehe und deren Scheitern gezwungen sind, wieder eigenständig Fuß zu fassen. Dann tun manchen Beteiligten die netten Nachmittage sehr leid. *Just saying.*

Mit eine der besten gesetzlichen Regelungen ist aber die Tatsache, dass du ab dem Tag der Hochzeit einen Unterhaltsanspruch gegen deinen Ehegatten hast, weil das Gesetz davon ausgeht, dass Eheleute sich alle Aufgaben in der Ehe teilen und jede der Aufgaben gleichwertig ist – und daher das monatlich verdiente Geld geteilt werden darf.

Außerdem hast du einen Anspruch auf Aufteilung des Vermögens, das gemeinsam in der Ehe angehäuft wurde. Das heißt dann Zugewinnausgleich, bei dem genau geschaut wird, wie viel jeder Ehegatte ab dem Tag der Hochzeit in der Ehe reicher geworden ist. Derjenige, der mehr Vermögen erworben hat, muss dann so viel abgeben, dass beide gleich viel dazugewonnen haben. Das heißt aber nicht, dass alles, was am Ende in der Ehe vorhanden ist, hälftig geteilt wird. Dennoch herrlich gerecht.

Wenn du einen Ehevertrag abgeschlossen hast

Grundsätzlich regelt das Gesetz, wie der Unterhalt, die Aufteilung der Rentenanwartschaften – das sind die Ansprüche auf Rente, die du oder dein Ehepartner im Laufe des Arbeitslebens erwerben – und das Vermögen im Falle einer Scheidung aufgeteilt werden. Das Bürgerliche Gesetzbuch (BGB) trat am 01.01.1900 in Kraft. Daran siehst du schon, dass viele kluge Juristen jahrelang über diese Regelungen nachgedacht und bei Bedarf nachjustiert haben.

Hast du mit deinem Ehegatten einen notariellen Ehevertrag geschlossen, wurden darin einige dieser wichtigen Regelungen zu den Bereichen Unterhalt, Zugewinn (Ausgleich des Vermögens in der Ehezeit) und Versorgungsausgleich (Aufteilung der in der Ehe erworbenen Rentenanwartschaften) zugunsten eines Ehegatten in Abweichung von den gesetzlichen Regelungen neu geregelt.

Der häufigste Grund für einen Ehevertrag ist, dass ein Ehegatte im Fall einer Scheidung nicht das zahlen möchte, was das Gesetz vorschreibt. Dadurch tritt immer eine Schlechterstellung des in der Regel wirtschaftlich schwächeren Ehegatten ein. Einen Ehevertrag, der den schwächeren Ehegatten besserstellt als das Gesetz, habe weder ich noch meine Kollegen je gesehen. Daher musst du leider davon ausgehen, dass ihr Regelungen getroffen habt, die das Gesetz nicht für gut und gerecht befunden hätte, und diese gilt es zu klären. Suche also als Erstes deinen Ehevertrag und prüfe, ob z. B.:

- dein Unterhalt nach der Scheidung ausgeschlossen oder befristet wurde,
- du möglicherweise auf den Versorgungsausgleich verzichtet hast,
- ein großer Vermögenswert (wie ein Haus oder Unternehmen) aus dem Zugewinn herausgenommen wurde oder
- der gesamte Zugewinn ausgeschlossen wurde.

Manchmal sind derart ungewöhnliche Regelungen in Eheverträgen enthalten, dass sie möglicherweise die Wirksamkeit des Vertrages beeinträchtigen können, aber bei einem Punkt kannst du sicher sein, da die Rechtsprechung da ganz klar ist: Wenn du Deutsch sprechen und lesen kannst, über eine beliebige Berufsausbildung verfügst und Gelegenheit hattest, den Ehevertrag vor Unterzeichnung zu prüfen, wird davon ausgegangen, dass du mit den dort getroffenen Regelungen einverstanden warst. Das gilt unabhängig davon, ob du sie damals auch nur im Ansatz verstanden oder das Gefühl hattest, dass du unterschreiben musstest, weil dein Mann sonst sauer gewesen wäre. Dann ist dieser Vertrag wirksam und gilt für dich! Davon gibt es in der Regel nur zwei Ausnahmen:

- Wenn in diesem Vertrag auf Trennungsunterhalt verzichtet wurde, ist das auf jeden Fall unwirksam. Auf Trennungsunterhalt kann rechtlich nicht wirksam verzichtet werden.
- Ein anderer Fall ist, dass du zum Zeitpunkt der Unterzeichnung hochschwanger warst und so möglicherweise eine besondere Notlage vorlag.

Dann hast du gute Karten und solltest zeitnah einen Fachanwalt für Familienrecht aufsuchen und dich beraten lassen. Ansonsten gilt aber zunächst das Gesetz, das wir uns zusammen anschauen wollen.

Deine Rechte am Familieneinkommen bei Ehevertrag

Neben den schönen und ehrenhaften Ehewirkungen hat das Gesetz allerdings auch Pflichten im Hinblick auf das liebe Geld geregelt. So seid ihr als Eheleute verpflichtet, euch gegenseitig Unterhalt zu gewähren, was in den §§ 1360 ff. BGB festgelegt ist.

Die Unterhaltspflicht beginnt übrigens nicht erst mit der Trennung, sondern bereits am ersten Tag der Ehe – was in der Praxis regelmäßig für Irritationen sorgt. Das Gesetz geht nämlich davon aus, dass Hausarbeit und Erwerbsarbeit in der Ehe gleichwertig sind. Konsequenz: Das Einkommen des Ehegatten, der arbeiten geht, ist nach dem Willen des Gesetzes gemeinsames Familieneinkommen und steht beiden zu.

Diese gesetzliche Wertung ist allerdings ziemlich unbekannt – und wird im Alltag häufig ganz anders gesehen. Wer Geld verdient, empfindet es gern als „sein" Geld. Und wer es als „seines" empfindet, gibt bereits am Anfang einer Ehe ungern etwas davon her, weil man dies als Singlemann natürlich auch nicht gewohnt ist und man leider noch lernen kann und muss, als Familie zu denken.

Wer aber nicht schon in der Ehe darauf bestanden hat, einen eigenen Anteil des Geldes zu bekommen (möglichst auf ein eigenes Konto), hat oft schon verloren. Denn die Einstellung, dass das verdiente Geld nur dem verdienenden Ehegatten gehört, führt langfristig dazu, dass er es auch nur als „seines" verwaltet und zunehmend geiziger wird. Dann musst du für jedes bisschen Geld fragen – was mit der Menschenwürde kaum zu vereinbaren ist.

Im Fall von schlimmen Streitigkeiten oder gar einer Trennung kommen oft Vorwürfe vom Mann, dass man als Frau ja nie etwas zum Haushalt beigetragen habe und das Haus sowie alles, was man darin sehe, allein dem Mann gehöre, auch, weil er es bezahlt habe – und nicht du. Dabei handelt es sich nicht um ausgedachte Beispiele, sondern ich habe sie öfter von meinen Mandantinnen gehört, als ich zählen kann. Hast du eine Vorstellung davon, was es mit Kindern macht, wenn sie solche Dinge öfter hören? Mir fallen einige ein, die zwar aus finanziell gut gestellten Familien stammen, nach der Trennung der Eltern und diesen Vorwürfen psychisch aber nicht den besten Start ins Leben hatten.

An dieser Stelle möchte ich ausdrücklich darauf hinweisen, dass hier kein Männer-Bashing betrieben werden soll, denn es ist immer eine Umstellung, die beide Parteien betrifft, wenn aus einem zuvor finanziell unabhängigen Paar mit zwei Einkommen plötzlich eine Familie wird, in der nur ein Einkommen zur Verfügung steht. Das müssen und sollten alle lernen.

Findet man seinen Weg nicht, führt das oft zu Schieflagen, die du vielleicht auch gespürt hast: Mit zunehmender wirtschaftlicher Potenz und Handhabung der Praxis „Alles mein Geld“ entwickeln viele Frauen ein Unterlegenheitsgefühl, weil der Mann mal eben eine Harley oder ein Auto kauft, ohne dass darüber gesprochen wurde. Sie fühlen sich nicht mehr als gleichwertige Ehepartnerin, nicht ernst genommen und leiden.

Sie selbst hingegen könnten sich ohne eigenes Konto oder Geld Ausgaben dieser Größenordnung für sich nicht vorstellen und würden dies ohne „zu fragen“ auch nicht tun. Zu lange leben sie schon mit dem Gefühl, dass es nicht ihr Geld ist – und trauen sich irgendwann nicht (mehr), dies in Frage zu stellen. Dabei ist es keinesfalls so, dass Ehegatten in irgendeiner Art und Weise bösartig oder nicht wohlwollend sind: Viele sagen auf diese Problematik angesprochen, dass die Frau sich natürlich auch teure Dinge kaufen könne, und meinen dies auch so, diese Handlungsoption haben sich die meisten Ehefrauen nach einigen Jahren ohne selbstverdientes bzw. eigenes Geld allerdings abtrainiert. Du auch?

Eine unschöne Folge der finanziellen Ungleichheit ist mit fortschreitender Zeit auch die Wahrnehmung der eigenen Existenz: Nach 20 Jahren Ehe fühlen viele Frauen sich nicht mehr sichtbar oder wahrgenommen. Das hat nicht zwingend damit zu tun, dass sie ihrer verlorenen Jugend nachtrauern, psychische Labilität entwickelt haben oder in den Wechseljahren sind: Da mit dem klassischen und gesetzlichen Ehe- und Finanzmodell in der Regel sämtliche Vermögenswerte wie Immobilien, Unternehmen, Autos oder Aktien tatsächlich nur auf den Namen des Ehemannes gekauft wurden, ihm gehören und er als offizieller Eigentümer eingetragen ist, sind Frauen wirtschaftlich gesehen nicht vorhanden oder existent. Sie stehen weder auf dem Papier noch im Grundbuch und sind rechtlich nicht in der Welt. Spätestens wenn der Autohändler abends beim Italiener nur deinen Mann grüßt, obwohl du das Auto fährst, weißt du, wovon ich spreche.

Im Zusammenhang mit der Verteilung von Geld in Ehen gibt es immer wieder Paarkonstellationen, die per se für jede Ehe gefährlich sind:

Die Ehefrau, die halbtags neben der Kinderbetreuung als Aushilfe arbeitet, den Haushalt führt, und dazu der Ehemann, der als Steuerberater einer großen Kanzlei ungleich mehr verdient, aber es dennoch fair findet, dass sie sich zur Hälfte an den Wohnkosten beteiligt, weil sie ja auch ihren Teil zum gemeinsamen Leben beitragen soll.

Oder den Ehemann, der seiner kinderbetreuenden Frau für den 5-Personen-Haushalt monatlich 500 Euro Haushaltsgeld gibt. Wenn sie etwas für die drei kleinen Kinder kauft und ihm die Quittung vorlegt, gibt er ihr diese Beträge zurück. Den Rest seines fünfstelligen Einkommens hebt er für die Familie auf und spart dieses, so wie er es meint, aber nicht sagt – was er für richtig hält, da Frauen ja auch irgendwie keinen Sinn dafür haben und vieles ohnehin nicht verstehen.

Oder es gibt die Unternehmergattin, die grundsätzlich glücklich auf das Geld des Mannes zugreifen darf und mit der schwarzen Amex-Karte ausgestattet ist, aber Stress empfindet, wenn das Geld auf der Karte auf monatlich 20.000 Euro limitiert wird.

Mein persönliches Highlight zum Staunen in 20 Jahren Berufstätigkeit war der Ingenieur, der ganz findig und klug für die Sommermonate eine Dusche in den Garten baute und sein gesetzliches Glück zum Holzsammeln in den Wald schickte, damit die Dusche kostengünstig betrieben werden konnte. Technisch durchaus eine beeindruckende Glanzleistung, aber wer will schon ernsthaft von seinem

Mann zum Holzsammeln in den Wald geschickt werden, damit dieser warm duschen kann?!

Du siehst also: Die Bandbreite dessen, was Mann und Frau im Hinblick auf Geld – in Abweichung vom Gesetz – als angemessen empfinden, ist nahezu unendlich, und sicherlich hast auch du eigene Erfahrungen damit gemacht.

In der Liebe ist grundsätzlich alles möglich und erlaubt. Trotzdem kennt das Gesetz natürlich seine Pappenheimer und hat manches, über das man sich wundert, geregelt. Dazu gehört der Anspruch auf Haushaltsgeld, der in § 1360 BGB festgehalten ist. Jeder der Ehegatten muss zum Familienunterhalt beitragen, soweit er es vermag. Versteht man sich prima, ist das in der Regel kein Problem. Ist allerdings die Frau wegen mehrerer Kleinkinder an das Haus gefesselt und kann deswegen nicht mehr arbeiten, gibt es durchaus Fälle, bei denen der Mann mit 6.500 Euro netto monatlich meint, sie müsse Lebensmittel und Sonstiges komplett vom Kindergeld bestreiten, da er ja schließlich schon die Miete und alle Versicherungen zahlt. Das Haushaltsgeld soll übrigens unaufgefordert am Anfang eines Monats zur Verfügung gestellt werden.

Neben dem Anspruch auf Haushaltsgeld gibt es noch den Taschengeldanspruch der Ehefrau nach § 1360a BGB, der 5 bis 7 % des bereinigten Nettoeinkommens (also nach Abzug aller gemeinsamen Verbindlichkeiten) beträgt, aber nicht unter 100 Euro liegen sollte. Denn nicht nur aus Sicht des Gesetzgebers ist es für jeden Menschen wichtig, auch über etwas eigenes Geld zu verfügen, ohne ständig fragen zu müssen.

Ähnlich ist es, wenn der Mann mehr verdient als die Frau in Teilzeit. Dann muss der Mann auch in Form von Haushaltsgeld, das sich nach dem gemeinsamen Familieneinkommen richtet, zum Familienunterhalt beitragen. Das Haushaltsgeld soll nach Auffassung des Gesetzes übrigens jeden Monat unaufgefordert zur Verfügung gestellt werden. Betteln am Monatsanfang ist unwürdig und dem haushaltsführenden Ehegatten nicht zumutbar. Das Gesetz kennt uns also manchmal besser, als wir meinen ... und ist gnädig und klug!

Was du sicherlich nicht geahnt hast: Die Ehe als rechtlich geschütztes und nicht nur heiliges Gut ist gegen Störungen von außen geschützt. Ein Ehegatte kann z. B. auf Herstellung der ehelichen Lebensgemeinschaft verklagt werden, wenn er nicht mit dir zusammenleben möchte. Das funktioniert garantiert, ist aber leider nicht vollstreckbar. Was wäre es auch für eine Qualität einer Ehe, die ja auch Spaß machen soll, wenn man einen Menschen, der gar nicht will, zum Zusammenleben zwingt?! *Ich sehe: Wir verstehen uns!*

Darüber hinaus ist insbesondere bei außerehelichen Affären eine weitere Ehewirkung spannend: Du hast einen Unterlassungsanspruch, wenn der räumlich gegenständliche Bereich der Ehe beeinträchtigt wird. Bringt also dein Ehegatte sein außereheliches Glück mit in die gemeinsame Wohnung oder sein Büro und du fühlst dich davon gestört, so kannst du dies unterbinden – und zur Not auch einklagen.

Eine solche Störung kommt nicht so selten vor, wie du vielleicht denkst. Es gibt durchaus Paare, bei denen der Ehemann mit seiner Ehefrau und seiner Lebensgefährtin zusammen in einem Haus wohnt, und das funktioniert über Jahre. Das kann man machen, wenn alle Beteiligten einverstanden sind – muss man aber nicht. Das hat zumindest der Bundesgerichtshof (BGH) in seinem Urteil vom 02.11.1966, Az. IV ZR 239/65 entschieden.

Früher gab es zudem noch die vom Gericht beschlossene eheliche Pflicht zum Sex mit dem Ehegatten. Das ist aber zum Glück schon länger her und kollidiert mit der ebenfalls gesetzlich verbrieften sexuellen Selbstbestimmung, die ja auch inkludiert, dass man keinen Sex haben muss, wenn man nicht möchte. Es ist aber trotzdem eine tolle Entscheidung des BGH aus dem Jahr 1966 (vom 02.11.1966, Az. IV

ZR 239/65), weil dort genau geschildert wird, was sich Ehegatten sonst noch so in der Ehe angetan haben: Die Frau hatte ihren Mann als „Putzlumpen“ und „verkommenes Stück“ beschimpft. Angeblich hatte sie ihm erklärt, sie empfinde nichts beim Geschlechtsverkehr und sei imstande, dabei Zeitung zu lesen; er möge sich selbst befriedigen. Der eheliche Verkehr sei für sie eine reine Schweinerei, und sie gebe ihm lieber Geld fürs Bordell. Auch wurden dem Gericht Briefe vorgelegt, aus denen hervorging, dass die Frau ihren Mann nicht nur wegen seiner ehelichen Untreue, sondern auch wegen seiner Persönlichkeit verachtete.

Im Falle einer Trennung oder Scheidung kannst du dir sicher sein, dass es immer zur Sache geht, man weder Feind noch Freund kennt und die menschliche Natur sich über die Zeiten hinweg nicht ändert.

Deine Rechte bei typischen Drohungen

Sobald man die rosarote Brille abgesetzt hat und sich einer möglichen Trennung nähert, gibt es in fast jeder Beziehung Verhaltensmuster oder Gesprächs- und Argumentationseinstiege, die die Betroffenen fatalerweise nicht als gravierend wahrnehmen. Um deine Sensibilität dahin gehend zu schärfen, habe ich einige zusammengefasst.

„Schatz, das Haus habe ich doch nur für uns gekauft!"

Solltest du diesen Satz jemals hören, ist die Wahrscheinlichkeit hoch, dass du dich irgendwann in einer der größten Katastrophen seit Erfindung der griechischen Tragödie vor rund 2.000 Jahren befindest.

Nämlich spätestens in 27,4 Jahren, wenn du bemerkst, dass der einstige Märchenprinz mit den melancholischen Augen und den aufregenden Tattoos auf den durchtrainierten Oberarmen zu einem Alien mutiert ist, welches seine Erfüllung darin findet, jeden Abend mehrere Stunden in seiner Lieblingskneipe zu versacken oder zu Hause stundenlang mit seiner Playstation zu kommunizieren. Und du anfängst, dich nach dem netten Nachbarn zu verzehren, der dir jedes Mal hilft, deine Einkäufe von Aldi zu schleppen, gern die Kinder auf dem Weg zur Arbeit an der Schule rauslässt und begeistert beim Plausch auf dem Bürgersteig von seinem neuen Kurs an der Volkshochschule erzählt.

Nichtverheiratete haben oft folgende total sinnvolle Absprache mit ihrem Prinzen geschlossen, die meistens in etwa so lautet: „Ich (der Prinz) zahle die Raten fürs Haus und du das Essen und alles andere."

Nachdem man diese unerfreuliche Beziehung zum Ex-Prinzen beendet hat, hat dieser dann ein abbezahltes Haus. (Das die Frau die ganzen Jahre natürlich auch abgezahlt hat.) Und die Frau hat in der Regel gar nichts, außer vielleicht einige Kilo Übergewicht. Aber wenigstens hat sie 27,4 Jahre kostengünstig – oder hoffentlich zumindest mietfrei – gewohnt, dafür aber umsonst geputzt, gewaschen und den übrigen Haushalt gemanagt.

Wenn du verheiratet bist, ist die Lage ernster: Sobald es sich ausgeprinzt hat und du zwar mit schlechtem Gewissen, aber der Liebe wegen entweder mit den Kindern in ein Mini-Apartment gezogen bist oder gleich zum Nachbarn, wirst du schmerzhaft bemerken, dass das „Ach-so-gemeinsame-Haus" tatsächlich nur deinem Ehemann gehört (so richtig mit Grundbuch und allem). Und der wird dich aus lauter Ärger über den Nachbarn jeden Tag spüren lassen, dass du nichts, aber auch *gar nichts* besitzt. Auch wenn du damals vielleicht adrett gekleidet mit zum Notar gehen durftest, um deinen Ehegatten in seinem so wichtigen und heldenhaften Tun zu bewundern oder gar den Kreditvertrag mit zu unterschreiben, durftest du den Kaufvertrag nicht mit unterschreiben. Damit stehst du auch nicht im Grundbuch und damit gehört dir dann nichts.

Das gnädige Gesetz hat natürlich prozessuale Mittel zur Behebung dieses Notstandes geschaffen, und das ist auch gut so: Im Rahmen des Zugewinnausgleiches kannst du meist in etwas längeren Prozessen (die leider auch Geld kosten, aber keine Angst!) deinen Zugewinn aus der Ehe in Form einer Ausgleichszahlung erstreiten, aber gehören tut dir die Immobilie dann trotzdem nicht.

Alternativ kannst du sofort, wenn du diesen Satz hörst, das Weite suchen oder den Anwalt deines Vertrauens um Rat fragen, damit du auch beim Notar den Kaufvertrag unterschreiben kannst und im Fall des Falles gleichberechtigt im Grundbuch stehst und dir nicht alles gefallen lassen musst, sondern dadurch abgesichert bist.

Ich möchte einige der häufigsten Fehlannahmen auflisten, die ich immer wieder zu hören bekomme:

- „Wenn einer in der Ehe eine Immobilie kauft, dann gehört sie doch beiden gemeinsam."
- „Alles, was in der Ehe gekauft wird, muss bei einer Scheidung doch sowieso geteilt werden."
- „Ich war doch mit beim Notar, habe nur nicht den Vertrag unterschrieben."
- „Mein Mann hat gesagt, dass wir das später noch anpassen."
- „Wir haben das nur so gemacht, weil es steuerlich günstig war."
- „Der Notar hat uns immer gemeinsam beraten, also dachte ich, dass es auch für mich gut ist, wie wir das machen."

- „Der Notar war ein Freund von uns, daher dachte ich mir nichts dabei."
- „Mein Mann hat gesagt, dass wir es erst mal nur so machen, weil er ja die ganzen Schulden übernimmt und ich damit nichts zu tun haben soll."
- „Aber mein Mann hat gesagt …"

Natürlich vertraut man seinem Ehegatten (den man aus Liebe geheiratet hat), und oft meint man auch, dass er in wirtschaftlichen Dingen erfahrener oder klüger ist als man selbst. Auch der Umstand, dass man den Notar ja privat kennt oder bei der Unterzeichnung des Kaufvertrages dabei war, kann dich in gefährlicher Sicherheit wiegen. Gerade beim Immobilienkauf solltest du deshalb auf die kleinen Details achten. Auch wenn sich die Rolle als scheinbar gleichberechtigte Begleiterin – freundlich nach deiner Meinung gefragt und mit der Aussicht auf das gemeinsame Familienheim gelockt – zunächst sehr gut und richtig anfühlt.

Merke:
Beim Zugewinnausgleich erhältst du keinen Anteil am Haus selbst, sondern lediglich einen finanziellen Ausgleichsanspruch. Dieser Anspruch entsteht erst mit der Rechtshängigkeit der Scheidung, also wenn der Scheidungsantrag dem anderen Ehegatten offiziell vom Gericht zugestellt wurde.

„Meine Frau braucht nicht zu arbeiten!"

Vor einiger Zeit brüstete sich einer meiner Mandanten damit, dass seine Frau nicht arbeiten gehen müsse und schaute mich mitleidig an. Da es kurz vor Weihnachten war – die schwärzeste Zeit im Arbeitsjahr aller Anwälte –, traf er bei mir einen leicht wunden Punkt, und ich überlegte spontan, mit welchem juristischen Kniff ich vielleicht für ein paar Wochen seine Zweitfrau werden könnte. Leider fiel mir nichts ein.

Dieser Mann hatte die perfekte Frau: Die Wohnung war immer makellos sauber, ihre Fönwelle stets tadellos und die Kinder auf den ersten Blick zum Anbeißen und im Verhalten einwandfrei.

Kein Jahr später hörte ich dann, dass dieser Mann sich von seiner perfekten, aber immer unzufriedenen Frau getrennt hatte, um mit einer Dame zusammenzuleben, die vielleicht einen Nanomillimeter weniger hübsch war, dafür zwei Studiengänge und eine Heilpraktikerprüfung abgeschlossen hatte, perfekte Kinder hatte und auch noch berufstätig war. Also offensichtlich beschäftigt und zufrieden. Was auch nötig ist, da er vermutlich bis heute Unterhalt in rauen Mengen für Ehefrau Nummer eins zahlt.

Ist man als Ehefrau nach der gemeinsamen Rollenverteilung zu Hause, übernimmt nahezu die gesamte Care-Arbeit und hält dem Mann den Rücken frei, führt das unweigerlich dazu, dass man auch unterhaltsrechtlich als Hausfrau angesehen wird. Du musst damit keinesfalls sofort nach der Trennung arbeiten gehen, wie viele Männer dann plötzlich fordern, sondern dir steht – auch wenn du keine Kinder hast – eine Übergangszeit von sechs bis zwölf Monaten zu, in der die ehelichen Lebensverhältnisse, also dass du nicht gearbeitet hast, weil ihr das so in der Ehe gewollt habt, fortgeschrieben werden.

Warst du viele Jahre lang zu Hause und hast nicht gearbeitet, wird nach Ablauf des ersten Jahres nach der Trennung genauer untersucht, ob es dir überhaupt zumutbar ist, wieder arbeiten zu gehen und was du überhaupt arbeiten könntest. Aber dazu kommen wir noch. Warst du vielleicht 15 oder 20 Jahre nicht berufstätig, hat sich natürlich auch deine Stellung verfestigt: Es wird von der Rechtsprechung unweigerlich vermutet, dass du kaum oder nur schlechte Chancen auf dem Arbeitsmarkt hast, da dir viele Jahre Berufserfahrung und Teilhabe an den berufsspezifischen Entwicklungen fehlen oder eine Ausbildung vor der Ehe nicht beendet wurde.

Als Belohnung für diese „Großzügigkeit“ von Seiten des Mannes darf dieser dann deutlich länger und meist auch deutlich mehr Unterhalt zahlen. Ganz nach dem Motto: Beide haben diese Rollenverteilung gewollt – beide müssen die Folgen der gemeinsam gelebten Rollenverteilung auch ausbaden!

„Glaub bloß nicht, dass du die Kinder bekommst!“

Die meisten Menschen vergessen am Tag der Hochzeit, dass im sicheren Hafen einer Ehe auch Kriegsschiffe liegen können. Dieser Satz fällt früher oder später in 99 Prozent aller Fälle, in denen *es* eintritt. Solltest du noch ganz am Anfang deiner Scheidung stehen, ist es gut möglich, dass zwischen dir und deinem Mann alles friedlich verläuft, und ich wünsche dir, dass es so bleibt. Aber spätestens, wenn Männer merken, wie viel Unterhalt sie nach dem Gesetz zahlen müssen, verändert sich die Lage schnell: *Es* meint den Super-GAU der Trennung.

Auch wenn wir uns alle sorgenfrei im elften Jahr des Eheglücks befinden, kann *es* sich jederzeit für uns materialisieren: in Form der 23-jährigen Masseurin mit den so sanften Händen, in Form des dynamischen Pilates-Trainers, der uns endlich das Gefühl gibt, wahrgenommen zu werden und der dieses perfekte Rhythmusgefühl hat, oder in Form des achten Anschaffungskredites, den wir so dringend brauchen, aber eigentlich gar nicht mehr zahlen können.

Spätestens wenn dann der Satz „Glaub bloß nicht, dass du die Kinder bekommst“ fällt, sind alle der 3.755.077.748 Frauen auf der Welt völlig panisch und von großer Sorge erfüllt, dass man ihnen das Wertvollste und Wichtigste auf der Welt wegnehmen wird: die Kinder – ganz egal, ob Hochschulprofessorin oder Regaleinräumerin.

Diese in mehr oder weniger freundlichen Worten geäußerte Drohung reduziert Frauen zu instinktgesteuerten Wesen, und die eigentliche Arbeit eines Anwalts besteht nicht mehr in der Rechtsberatung, sondern darin, auch gern zum hundertsten Mal zu versichern, dass die Realisierung dieser Drohung eher unwahrscheinlich und nur eine dieser klassischen Aussagen nach einer Trennung ist. Denn so oft diese Drohung geäußert wird, so selten tritt sie ein.

Mein persönlicher Lieblingsfall zur Veranschaulichung ist dieser: Eine als Sexarbeiterin arbeitende Frau aus dem Ausland lernte im Rahmen ihrer Berufstätigkeit den späteren Kindsvater kennen. Nach der Trennung fällt dem Kinderarzt anhand von Hämatomen auf, dass das drei Jahre alte Kind vermutlich von Mutti geschlagen wird, und dem Kindsvater fällt ein, dass Mutti eigentlich schon immer Drogen genommen und zudem als Sexarbeiterin gearbeitet hat. Was beides auch völlig zutreffend ist.

Auch in diesem extremen Fall ist der Mutter das Kind nicht weggenommen worden. Vielmehr hat die zuständige Richterin bei der mündlichen Verhandlung geschaut, was passiert, wenn das zu der Zeit beim Vater lebende Kind auf die Mutter trifft. Obwohl das Kind mit drei Jahren noch nicht optimal sprechen konnte, rannte es im Gerichtssaal begeistert auf seine Mutter zu, streckte die Arme in die Luft und wollte auf den Arm. Damit war alles gesagt.

Maßgeblich für die Herausnahme von Kindern aus dem mütterlichen Haushalt ist nur ein Defizit der Kindesmutter in der Ausübung der elterlichen Sorge gegenüber dem Kind.

Was nicht geht: Als Vater die Mutter jahrelang mit dem Kind allein zu Hause lassen und die eigenen Bemühungen auf die Erziehung und Versorgung des Kindes nur auf die Wochenenden und Abendstunden beschränken. Und dann direkt nach der Trennung quasi über Nacht feststellen, dass die betreuende Kindesmutter angeblich immer schon total gefährlich für das Kind gewesen war. Jeder Richter merkt, dass diese Argumentationskette hinkt und die Wesensänderung bei der Kindesmutter gar nicht „so plötzlich“ entstanden sein kann, sondern eher der schlichten Tatsache der Trennung geschuldet ist.

Merke:
Eine Drohung ist eine Drohung ist eine Drohung. Sonst nichts. Wenn du in der Ehe immer allein für die Kinder zuständig warst, dein Mann sich nicht schon in eurer Ehe beim Jugendamt oder an anderer Stelle über deinen Umgang mit den Kindern beschwert hat und du sie bei der Trennung nicht völlig kopflos bei deinem Mann gelassen hast, geht die Rechtsprechung grundsätzlich davon aus, dass die Betreuungskontinuität dafür spricht, alles so zu lassen, wie es ist. Weil es dem Wohl der Kinder entspricht, sofern danach keine erheblichen neuen Umstände hinzukommen. Lies diese Worte zur Beruhigung bei Bedarf gern mehrmals täglich.

„Du bekommst keinen Cent von mir!“

Ein weiteres verbreitetes Mittel vor oder in einer Trennung ist die Drohung mit dem sofortigen oder zukünftigen Entzug der finanziellen Lebensgrundlage in allen denkbaren Varianten. Es wird damit gedroht, sofort das Konto zu räumen, die Vollmacht zu entziehen, jegliche Überweisungen des Gehalts auf ein (gemeinsames) Konto einzustellen, von dem bisher alle Kosten getragen wurden. Das alles auch gerne mit der Drohung kombiniert, sich „kündigen zu lassen“, weil man es nicht einsieht, nur für die Frau und die Kinder arbeiten zu gehen.

Das Wichtigste vorweg: Das ist nur Fantasie! Das Recht hält diverse Instrumentarien bereit, die dich und deine Ansprüche schützen. Insbesondere der Anspruch auf Trennungs- und natürlich Kindesunterhalt gehört dazu, der nicht verhandelbar ist und für den das

Gesetz sogar eine „gesteigerte Erwerbsobliegenheit“ festgelegt hat. Das heißt konkret, dass ein zum Kindesunterhalt verpflichteter Elternteil alles Zumutbare unternehmen muss, um den Kindesunterhalt sicherzustellen. Dies bedeutet unter Umständen und im Rahmen des Zumutbaren auch, dass man sich bei Arbeitslosigkeit rund 40 Stunden die Woche bewerben muss, also in etwa die Zeit, die man in Vollzeit mit Arbeit zubringt. Dabei müssen alle Erwerbsmöglichkeiten ausgeschöpft werden.

Genauso wird von der Rechtsprechung erwartet, zur Not für einen Job umzuziehen, eine Arbeitsstelle anzunehmen, die nicht der eigenen Ausbildung entspricht oder für die man überqualifiziert ist, oder einen Nebenjob zusätzlich anzunehmen, wenn man nicht genug für den Unterhalt der Kinder verdient (BGH, FamRZ 1994, 372). Dies ist auch beim Trennungsunterhalt so, wobei man immer die Verhältnisse in der Ehe beachtet.

Kommt man diesen Verpflichtungen nicht vollständig nach, wird man rechtlich so behandelt, als hätte man die entsprechenden Einkünfte. In diesem Fall erlässt das Gericht einen Unterhaltsbeschluss – das heißt heute nicht mehr „Urteil“, meint aber inhaltlich dasselbe. Diese juristische Konstruktion von Einkommen, das tatsächlich nicht vorhanden ist, nennt man fiktive Einkünfte. Sie haben schon so manchen Unterhaltsschuldner zum Staunen gebracht.

Zwar kannst du dir von einem solchen Beschluss nicht sofort etwas kaufen, er ist aber über einen Zeitraum von bis zu 30 Jahren vollstreckbar. Gleichzeitig setzt er eine klare Grenze. Spätestens in der zweiten Instanz vor dem Oberlandesgericht beginnt man(n) dann oft zu hinterfragen, ob die eigene Rechtsauffassung wirklich so überzeugend war – insbesondere dann, wenn man bereits zweimal „verloren“ hat und zu der persönlichen Kränkung auch noch spürbare Kosten hinzugekommen sind.

Zur Beruhigung im Notfall:
Da wir in einem wunderbaren Land mit einem sinnvollen Sozialsystem leben, wirst du nicht verhungern, da du als getrennter Ehegatte natürlich Leistungen des Jobcenters für den akuten Lebensbedarf und die Miete für die Trennungswohnung beantragen kannst.
Für Kinder kannst du direkt nach der Trennung Unterhaltsvorschuss beim Jugendamt beantragen. Dieser wird inzwischen bis zum 18. Lebensjahr gezahlt. Parallel dazu kannst du den Kindesunterhalt in Ruhe gerichtlich regeln lassen – was auch dringend zu empfehlen ist. Der vom anderen Elternteil zu zahlende Kindesunterhalt ist in der Regel deutlich höher als der Unterhaltsvorschuss und richtet sich nach dessen Leistungsfähigkeit.
Verfahren auf Zahlung von Kindesunterhalt sind vor Gericht immer aussichtsreich. Die Rechtsprechung weiß, dass minderjährige Kinder sich nicht selbst unterhalten können und ihr Unterhalt daher rechtssicher und vollstreckbar geregelt werden muss – entweder freiwillig und kostenfrei durch die Unterzeichnung einer vollstreckbaren Urkunde beim Jugendamt oder durch einen gerichtlichen Beschluss.

Merke:
Trennungsunterhalt als Ehegatte kannst du noch während des räumlichen Zusammenlebens geltend machen, den Kindesunterhalt erst ab der räumlichen Trennung, also dem Auszug.
Wichtig für dein Mindset ist also, nicht auf diese Drohungen reinzufallen und dich dadurch von deinem eigentlichen Wunsch und Weg der Trennung nicht abhalten zu lassen – auch wenn du durch viele Jahre Ehe und den Verlust jeglichen Selbstvertrauens meinst, dass dein Ehegatte immer recht hat und die Ängste noch so groß sein mögen.

Überwinde deine Ängste

Bei jeder Trennung werden ein Lebenstraum, der soziale Schutzraum der Ehe, eine große Hoffnung und zum Teil kindliche Träume und Fantasien zerstört. Dies führt unweigerlich dazu, dass du psychisch längst nicht so stabil bist wie sonst und dadurch empfindsamer.

Mit diesen typischen Drohungen aktualisieren sich diverse, teilweise irrationale Ängste, die dich von der Trennung abhalten sollen. Gerade in den dunkleren Jahreszeiten wird in persönlichen Beziehungskrisen nicht nur das Wetter rauer, sondern auch das Gemüt der Menschen düsterer, was zu einer Häufung von Konflikten in Beziehungen führt und sie auf einen neuen Prüfstand stellt. Damit können die meisten Menschen nicht gut umgehen: Die einen fangen an, ihre Wut und ihren inneren Zorn ungefiltert nach außen zu tragen. Die davon Betroffenen und Getroffenen können mit der Menge des geistigen Unrats nicht mehr umgehen und fangen an, sich furchtbar zu ängstigen und sich die schlimmsten Szenarien vorzustellen. Da hilft es oft, einen Schritt zurückzutreten und die nüchternen Tatsachen zu betrachten:

Wenn du Angst hast, dass dir deine Kinder weggenommen werden, aber weißt, dass du immer gut für sie gesorgt hast, während der andere Elternteil hingegen immer erst nach 19 Uhr nach Hause gekommen ist und die Kinder in seiner Freizeit oft „lästig" fand, dann bist du rechtlich schon im ziemlich sicheren Bereich. Wenn du außerdem ein liebevolles Vertrauensverhältnis zu deinen Kindern hast, sie sich bei dir wohl und sicher fühlen und sich zum Beispiel mit Händen und Füßen wehren, wenn sie zum anderen Elternteil sollen, ist das für dich von Vorteil und juristisch von Bedeutung. Wenn der andere Elternteil die Bedürfnisse seiner Kinder gar nicht kennt oder ernst nimmt und nur nach seinen eigenen Wünschen handelt, bedeutet dies im Umkehrschluss, dass du ein guter und fürsorglicher Elternteil bist.

Dieser Teil der Wahrheit ist durch Ängste überlagert, kann nicht gesehen werden und beunruhigt dich daher grundlos.

Wenn du nach vielen Jahren Ehe Angst hast, dein Leben nicht allein bestreiten zu können und im Alter oder nach einer Trennung kein Geld mehr für deinen Lebensunterhalt zu haben, fühlt sich auch dies überwältigend an. Schaust du aber genau hin oder lässt dich beraten, wie viel Unterhalt dir im Fall einer Trennung zusteht, und erkennst du, dass du neben deinem eigenen Beruf auch andere finanzielle Ressourcen aus dem Zugewinnausgleich oder Miteigentumsanteil an einer Immobilie hast, sieht das schon ganz anders aus.

Vieles ist dir in der „heißen Phase" der Trennung nicht bewusst, da dein Ehegatte dir viele Jahre erzählt hat, dass alles ihm gehört, weil du nie gearbeitet hast – und du ihm geglaubt hast. Vielleicht handelt es sich hier um ein Muster in eurer Ehe, da er einfach *immer* recht hatte. Aber auch Ansprüche auf Zugewinn oder das Miteigentum am Haus sind rechtliche und tatsächliche Fakten.

Schau also immer aufs große Ganze. Hol dir bei (meist grundlosen) Ängsten unbedingt Unterstützung und schau, was Gutes in deinem Leben ist.

Checkliste: Wichtige Unterlagen vor der Trennung

Trennungen sind wie Klassenarbeiten: In der Regel hast du nur einen Versuch. Ich empfehle dir daher, dich auf die Trennung gut vorzubereiten.

In einer Ehe sind die Aufgaben meist sinnvoll aufgeteilt: Der eine kocht lieber und überwiegend, während der andere gern staubsaugt oder das Auto zur Reparatur bringt. Auch im Hinblick auf die Finanzen findet meist eine Aufgabenteilung statt, die sich nach den Interessen, der Begabung und der Bequemlichkeit der Eheleute richtet. Dabei empfinden Männer sich in der Regel als kompetenter, das gemeinsame Geld zu verwalten und es nicht zuletzt – was für dich ungünstig ist – oft nur auf ihren Namen allein anzulegen. Sie bestimmen auch gerne, bei welchen Banken und Instituten man dies tut.

Kommen weitere Mitglieder, also Kinder, zum Familienverbund dazu, verlagert sich der Schwerpunkt von Fürsorge für diese fast unmerklich auf einen Ehegatten, der primär für die Versorgung der Familie zuständig wird – und das bist vermutlich du.

Da keiner einem zuvor gesagt hat, dass kleine Menschen nahezu 24 Stunden am Tag Essen, Windeln und Aufmerksamkeit benötigen und dies dann von Betreuung, Hausaufgaben, Fahrdiensten und vielen anderen Aufgaben ergänzt wird, sinkt das Interesse an den gerade nicht existenziell wirkenden Aufgaben im Leben überraschenderweise rapide. Und zwar nicht aus Desinteresse, sondern weil der Tag nur 24 Stunden hat. Dazu gehören insbesondere auch Versicherungen und Finanzen.

Daher solltest du für den Fall einer Trennung Klarheit über folgende Dinge haben, damit dein Anwalt sofort deine Ansprüche berechnen kann. Somit bist du sofort handlungsfähig und musst dich nicht erst wochenlang in Unterlagen einarbeiten, sofern sie überhaupt noch in eurer gemeinsamen Wohnung zu finden sind.

- Wie viel verdient mein Mann?
- Bei welchen Versicherungsgesellschaften haben wir welche Verträge abgeschlossen?
- Wie lauten die Versicherungsnummern und wo sind die Unterlagen?
- Bei welchen Banken gibt es Konten und wer ist dafür verfügungsberechtigt?
- Wie viel Geld ist auf wessen Namen und mit welchen Kündigungsfristen fest angelegt?
- Auf welchen Konten befindet sich der sogenannte Notgroschen und habe ich darauf Zugriff?
- Gibt es Online-Konten oder Depots?
- Habe ich eine Vollmacht für diese Konten?
- Wie lauten die Passwörter für diese Geldanlagen?
- Wie lautet die Versicherungsgesellschaft für die Autoversicherung?
- Gibt es eine Sterbegeldversicherung? Falls ja, wo ist sie?
- Haben wir in Kryptowährung oder Bitcoins investiert? Wenn ja, habe ich darauf Zugriff und die erforderlichen Codes?
- Wo sind die Belege für teure Anschaffungen oder Schmuck?
- Wo sind die Pkw-Papiere?
- Wo sind die Reisepässe und die Heiratsurkunde?

Diese Unterlagen sind für dich und deine Zukunft sehr wichtig:

- die letzten zwölf Gehaltsabrechnungen beider Ehegatten
- der letzte Steuerbescheid (bei Selbstständigen gern die letzten drei vorhandenen Jahre)
- Versicherungsverträge
- Mietvertrag

- Kreditverträge
- Sparbücher, Depotauszüge
- Kaufverträge für Immobilien
- Aktuelle Kontoauszüge (wenn möglich, vor und nach der Trennung)
- Heiratsurkunde
- Geburtsurkunden der Kinder
- Gutachten für Luxusgüter wie Autos, Motorräder, Schmuck etc. (falls vorhanden)
- Fahrzeugschein
- Rentenunterlagen
- deine Schulzeugnisse und Ausbildungsnachweise

Profi-Tipp:

Kopiere, fotografiere oder scanne alle Unterlagen, schicke sie als weitere Sicherheitskopie an deinen Anwalt oder deine beste Freundin und hinterlege Notfallkopien bei deinen Eltern. Wenn du und dein Mann steuerlich zusammen veranlagt seid, kannst du bei dem für dich zuständigen Finanzamt Kopien der Steuerbescheide bekommen. Dein Mann muss dies gar nicht mitbekommen, da auch dein Name auf den Steuerbescheiden steht und sie dir somit zustehen. Damit bist du für alle Eventualitäten gerüstet.

Was dir finanziell zusteht – und wie du es bekommst

Geld sichert nicht nur dein und das Überleben deiner Kinder, sondern bedeutet auch Macht und die finanzielle Anerkennung deiner Lebensleistung in der Ehe: für all das, was du für die Familie getan hast. Hier erfährst du, wie du dich richtig trennst, was mit deinem Einkommen passiert und wie viele Anspruchsgrundlagen es für deinen Unterhalt tatsächlich gibt. Am Ende dieses Kapitels weißt du nicht nur, welche Rechte du hast, sondern auch, wie du dein finanzielles Überleben sichern kannst, ohne deine Bedürfnisse zu verraten.

Voraussetzung: Trenne dich richtig

Funktioniert das eheliche Zusammenleben als Paar dauerhaft nicht mehr, trennen sich Menschen. Ist man sich einig, spricht man über die Trennung, legt gemeinsam einen Trennungstag fest und teilt diesen dem Finanzamt anschließend mit – spätestens im Jahr nach der Trennung.

Wie du dich richtig trennst

Was zunächst einfach klingt, ist in der Praxis oft von Sorgen, Tränen, Streit und Ängsten begleitet. Vor allem die rechtlich korrekte Umsetzung der Trennung ist alles andere als trivial. Dabei ist der Trennungstag von zentraler Bedeutung: Er ist Voraussetzung für Unterhaltsansprüche, markiert den Beginn des Trennungsjahres und damit die Grundlage für den Scheidungsantrag – und dieser wiederum ist Voraussetzung für den Zugewinnausgleich.

Entsprechend kreativ wird der Trennungszeitpunkt gelegentlich „ausgelegt". Möchte man möglichst lange Unterhalt beziehen, hat man sich angeblich gerade erst getrennt. Soll es schnell in ein neues Leben gehen, lebte man selbstverständlich schon seit Jahren getrennt. Ganz besonders kreative Köpfe kommen dann noch auf die Idee, den Trennungstag per gerichtlichem Zwischenfeststellungsantrag klären zu lassen. Funktioniert nicht.

Der Trennungszeitpunkt ist zwar Tatbestandsvoraussetzung für viele rechtliche Folgen – z. B. für die Vermögensauskunft bei Trennung –, er stellt jedoch kein feststellungsfähiges Rechtsverhältnis im Sinne des § 256 ZPO dar (AG Stuttgart, Az. 24 F 216/21). Das Gericht stellt den Trennungstag daher nicht gesondert fest, sondern ermittelt ihn lediglich im Rahmen des jeweiligen Verfahrens und erhebt hierzu Beweis. Anders ausgedrückt: Der Trennungstag wird nicht in einem eigenen Verfahren „offiziell festgelegt", sondern spielt nur innerhalb anderer Verfahren eine Rolle und muss dort von der Partei bewiesen werden, die sich darauf beruft.

Beschimpft man sich lediglich und bestreitet den jeweils vom anderen behaupteten Tag, bringt das keinen weiter. Da auch im Familienrecht die Zivilprozessordnung gilt, sollte jeder einen Beweis für seinen behaupteten Tag benennen und beibringen, damit das Gericht diesen untersuchen kann – Umzugswagen, Zeugen, was auch immer.

Wie schwierig die Feststellung einer Trennung im menschlichen Zusammenleben sein kann, möchte ich dir an einem konkreten Fall zeigen. Auf einer Gartenparty im Mai 2017 hatte sich ein Paar so gestritten, dass die Frau erklärte, die Liebe sei jetzt eindeutig vorbei, aber wegen der Kinder würde sie noch bei ihrem Mann bleiben, was sie bis 2018 auch tat – und dann doch auszog. Es wurde dann zwar getrennt geschlafen, aber wegen der Kinder feierte man noch zusammen Weihnachten und Silvester, und man aß zusammen (was sollen die Kinder denn sonst denken?!).

Der Mann hatte allerdings irgendwann die Nase voll und wollte einen vorzeitigen Zugewinnausgleich, obwohl die Ehe noch nicht geschieden war. Das ist grundsätzlich möglich, wenn keine häusliche Gemeinschaft mehr besteht und die Eheleute seit drei Jahren getrennt leben. Getrenntleben im Sinne des Gesetzes liegt allerdings nur vor, wenn zwischen Eheleuten keine häusliche Gemeinschaft mehr besteht und ein Ehegatte diese erkennbar nicht mehr herstellen möchte.

Die Frau hatte zwar schon gesagt, dass sie den Mann nicht mehr liebt, kochte aber trotzdem noch für die Kinder und ihn, lebte also nicht getrennt. Für eine Trennung im Sinne des § 1567 ist zwar nicht unbedingt ein Auszug erforderlich, aber man darf weder kochen noch andere Versorgungsleistungen erbringen und die Räume wie Küche und Bad, die meist nicht zweimal in der Wohnung vorhanden sind, nur getrennt benutzen. Dabei darf man auch wirklich keine Ausnahme machen (OLG Brandenburg, Az. 13 UF 16/21)!

Obwohl in diesem Fall gesagt wurde, dass man sich nicht mehr lieben würde, dann aber trotzdem gekocht wurde, liegt kein Getrenntleben vor, das zu einer vorzeitigen Ausgleichung von Zugewinn oder einer Scheidung berechtigen würde.

Merke:
Wenn du dich trennen willst, reicht es nicht, wenn du einfach nur sagst, dass du den anderen nicht mehr liebst. Verwende unbedingt das Wort „Trennung". Schreibe deinem Ex-Partner mindestens auch eine E-Mail mit der Bestätigung der Trennung oder zur Not auch eine WhatsApp-Nachricht, denn es muss klar sein, dass es eine Trennung ist. Und mache ihm danach nie wieder Bratkartoffeln!

Rechtliche Voraussetzungen einer Trennung

Das Gesetz definiert eine Trennung in § 1567 BGB wie folgt:
- Aufhebung der häuslichen Gemeinschaft
- Wille eines Ehepartners, die eheliche Lebensgemeinschaft nicht wiederherstellen zu wollen

Dabei ist es ausdrücklich erlaubt, dass die Trennung auch innerhalb der Ehewohnung stattfinden kann, wenn die Ehegatten räumlich und persönlich voneinander getrennt sind und eine Trennung von „Tisch und Bett" stattfindet. Doch schon das bekommen die meisten nicht einwandfrei hin. Die Trennung in der Ehewohnung setzt nämlich voraus, dass die Gemeinsamkeiten aufhören, das Zusammenleben nicht persönlicher Natur ist, kein gemeinsamer Haushalt geführt wird und keine wesentlichen Versorgungsleistungen erbracht werden.

Dies durchzuhalten, ist in einer gemeinsam bewohnten Ehewohnung wirklich schwierig. So hatte ein Mandant neulich fotografisch dokumentiert, welches „sein Zimmer“ in der Wohnung ist (ordentlich aufgeräumt im „Schöner Wohnen“-Style) und welches seiner Frau gehört (Chaos mit 397 Lippenstiften und Klamotten überall auf dem Fußboden verteilt, wie nach einem Tornado). Das gemeinsame Putzen (er = staubsaugen, sie = das Bad reinigen) und Kochen haben ihn dann aber den scheidungsrechtlichen Kopf des Getrenntlebens gekostet.

Sobald du für den anderen mit einkaufst, gelegentlich kochst oder seine Socken wäschst, lebst du nicht getrennt, weil das Versorgungsleistungen sind. Dann kannst du das gesetzlich vorgeschriebene Trennungsjahr und den Scheidungsantrag knicken, weil es nicht akzeptiert wird. Auch bringt es nichts, dem erkennenden Gericht die gemeinsam gelebte und aus den Jahren der Ehe resultierende Arbeitsteilung als Wohngemeinschaft zu verkaufen.

Du bist auch nicht rechtlich getrennt, wie neulich eine Mandantin, wenn du zwar allein in den Urlaub gehst, aber zur selben Zeit wie dein Mann an denselben Ort fährst – und dann noch seine Ferienwohnung zahlst. In diesem Fall war das Gericht nicht überzeugt, was dazu führte, dass das Trennungsjahr und der schöne Scheidungsantrag nicht anerkannt wurden und wir unseren rechtlichen Hals nur aus der Schlinge ziehen konnten, weil das Gericht und die Gegenseite sich überzeugen ließen, das Verfahren ruhend zu stellen, was keineswegs eine Selbstverständlichkeit ist. Das Gericht hätte auch den Scheidungsantrag wegen Unzulässigkeit kostenpflichtig für die Antragstellerin zurückweisen können.

Dummerweise konnte der Mann beim Gerichtstermin auch noch Textnachrichten vorzeigen, aus denen hervorging, dass die Frau außerdem heiße Liebesschwüre geschickt hatte, womit man als Anwalt nicht zwingend rechnet und was ich seitdem gesondert abfrage und gegebenenfalls auch kontrolliere. Peinlich, peinlich.

Anders ergangen ist es einem Arzt und Ehemann, der einen Scheidungsantrag stellte, weil er sich neu verliebt hatte und seine Ehe für gescheitert hielt. In diesem Zusammenhang muss erwähnt werden, dass beide Eheleute als Mediziner arbeiteten und quasi abwechselnd das gemeinsame Kind betreuten: die Ehefrau im Schichtdienst tagsüber bis nachmittags, dann fand ein Betreuungswechsel statt und der Mann ging nachmittags arbeiten und kehrte erst spät nachts oder frühmorgens zurück und übernahm das Kind und die gemeinsame Wohnung wieder.

Angesichts dieser nicht vorhandenen gemeinsamen Zeit hatte der Mann sich heimlich eine eigene Wohnung angemietet, sodass zwar er, aber nicht sie sich getrennt im Hinblick auf eine Scheidung fühlte. Netterweise hatte der Ehemann das dem Richter bei der Befragung auch mitgeteilt, und es hatte zur Folge, dass die Ehefrau sich aus Unwissenheit nicht getrennt fühlen konnte.

Diese Unwissenheit kostete ihn knapp 2.000 Euro für einen unzulässigen Scheidungsantrag, da dieser wegen fehlender Voraussetzungen zurückgewiesen wurde. Nach dem teuren Spaß hatte er eindeutig die Nase voll und traute sich nicht mehr, einen neuen Scheidungsantrag zu stellen, bis seine Ehefrau ihm dies aufgrund einer neuen Liebe abnahm.

Wunderschön ausgedrückt hat dies das Oberlandesgericht München: „Die Unterhaltung eines gemeinsamen Haushaltes schließt grundsätzlich das Getrenntleben aus, mögen die ehelichen Gefühle auch noch so sehr erloschen sein“ (Az. 12 UF 820/01). Lass dir das mal auf der Zunge zergehen! Und es darf nie wieder einer sagen, dass dem trockenen Recht keine Poesie innewohnt …

Kann das Gericht im Nachhinein nicht herausfinden, wann sich Paare wirklich getrennt haben, wird die Trennung spätestens auf den Zeitpunkt gelegt, an dem die Eheleute aus ihrer ehemaligen Wohnung gezogen sind oder einer von ihnen einen eigenen Wohnsitz begründet hat. Das reduziert den Streit, verlangt vom Gericht keine hellseherischen Fähigkeiten und wird daher auch so gehandhabt.

Dabei sind wiederum die kleinen, feinen Aspekte im Recht von Bedeutung: Kommt der Ehegatte noch regelmäßig zum Mittagessen nach Hause, wenn ihr euch offiziell oder inoffiziell eine Auszeit genommen habt, dann seid ihr unter Umständen noch nicht wirklich getrennt, und das Trennungsjahr hat noch nicht begonnen. Was im Umkehrschluss dazu führen kann, dass du länger von der Aufteilung der Rente im Versorgungsausgleich oder von einem Anspruch auf Trennungsunterhalt profitieren kannst.

Gleiches gilt, wenn ihr angeblich schon getrennt seid, aber der bereits gebuchte und bezahlte gemeinsame Sommerurlaub – für die Kinder oder Oma Elfriede – dennoch zusammen vorgenommen wird. Das kann für Außenstehende und vielleicht auch für einen von euch irgendwie so aussehen wie immer und gegen ein beweisbares Getrenntleben sprechen.

Auch wenn du der scheidungswillige Ehegatte bist und dir nichts sehnlicher wünschst, als deinen Mann so schnell wie möglich loszuwerden: Es gibt immer viele Aspekte – auch wirtschaftlicher Art –, die es klüger erscheinen lassen, zunächst in Ruhe darüber nachzudenken und einen Anwalt zu den Vor- und Nachteilen zu befragen. Auch steuerrechtlich kann es einen großen Unterschied machen, ob du dich am 30. Dezember eines Jahres oder drei Tage später am 2. Januar von deinem Mann trennst.

Profi-Tipp:

Lass dich, wenn möglich, am besten vor der Trennung zu dem für dich besten Trennungszeitpunkt beraten. Eine Rückdatierung (oft vom Mann gewünscht) klingt zwar verlockend, kann dich aber viele Monate Unterhalt und Rentenpunkte kosten. Das muss man pragmatisch und vor allem wirtschaftlich nüchtern betrachten – was nur von außen geht.

Was mit deinem Einkommen passiert

Hast du in der Ehe schon immer in Voll- oder Teilzeit gearbeitet, ist das grundsätzlich gut, weil es ein eigenes Einkommen sichert und du dir eine gewisse Eigenständigkeit bewahrt hast. Solltest du dich trennen wollen, weißt du, dass dir niemand dieses Einkommen wegnehmen kann. Du kannst es jederzeit z. B. von einem gemeinsam geführten Konto auf ein neues – vielleicht erst für die Trennung eröffnetes – eigenes Konto umleiten. Das ist Sicherheit pur.

Reicht dein Einkommen nicht für deinen Lebensunterhalt aus, wird es dir natürlich nicht weggenommen, sondern im Rahmen der Unterhaltsberechnung berücksichtigt. Dabei unterscheidet man, ob es sich um überobligatorisches Einkommen handelt oder nicht. Gemeint ist damit eine Leistung, zu der du rechtlich nicht verpflichtet warst – also etwas, das niemand von dir erwarten durfte.

Hast du zum Beispiel ein Kind unter drei Jahren betreut und trotzdem gearbeitet, gilt dieses Einkommen auf jeden Fall als überobligatorisch, weil man bei einem so kleinen Kind nach Auffassung des Gesetzes nicht arbeiten muss. In solchen Fällen wird dein Einkommen entweder gar nicht oder nur teilweise bei der Unterhaltsberechnung berücksichtigt. Die Rechtsprechung ist hier nicht einheitlich; letztlich entscheidet das zuständige Gericht nach eigener Bewertung.

Hast du hingegen neben der Betreuung von Kindern über drei Jahren gearbeitet, erhöht dieses Einkommen zunächst deinen Bedarf, weil es euch während der Ehe zur Verfügung stand. Gleichzeitig wird es bei der Berechnung deiner Unterhaltsansprüche wieder abgezogen, da du dieses Einkommen bereits selbst erzielst. In der Konsequenz mindert es den Unterhaltsanspruch. Dennoch solltest du stolz sein, weil du dein eigenes Geld hast, dir deine Unabhängigkeit bewahrt hast und nicht gleich zum Amt laufen und öffentliche Leistungen beantragen musst.

In Kürze wirst du verstehen, was ich meine. Doch lass uns erst mal schauen, wann dir nach dem Gesetz überhaupt Unterhalt zusteht.

In welchen Fällen dir Unterhalt zusteht

Unterhalt nach der Trennung

Nach § 1361 BGB steht dir Trennungsunterhalt zu, sobald du getrennt bist, damit du auch als getrennte Frau ohne deinen Ehemann leben kannst. Diesen Unterhalt kannst du bereits geltend machen, wenn ihr zwar getrennt, aber noch in einer Wohnung lebt. Er richtet sich nach dem jeweiligen finanziellen Standard in eurer Ehe. Habt ihr in guten finanziellen Verhältnissen gelebt, bekommst du natürlich mehr als eine Ehefrau, die in beengten Verhältnissen gelebt hat. Dieser Unterhalt wird – und da sind wir schon bei einem der größten Rechtsirrtümer – nicht nur einige Monate, sondern bis zur Rechtskraft der Scheidung gezahlt. Das kann im Ernstfall schon mal einige Jahre dauern!

Der Gedanke hinter dem Trennungsunterhalt ist die Fortführung der ehelichen Solidarität. Heißt im Klartext: Auch als getrennte Ehefrau sollst du weiterhin in ähnlichen wirtschaftlichen Verhältnissen leben wie während der Ehe. Solange du Ehefrau bist, schützt dich das Gesetz. Eine Trennung soll deshalb nicht dazu führen, dass du von heute auf morgen ohne finanzielle Absicherung dastehst oder plötzlich allein von deinem Einkommen leben musst, wenn ihr in der Ehe anders gelebt habt. Gerade wenn die Trennung nicht von dir ausging, wird der Sinn dieser Regelung deutlich: Warum solltest du keinen Unterhalt erhalten, nur weil dein Mann dich verlassen hat?

Dabei ist wichtig, dass du die ersten sechs bis zwölf Monate nach der Trennung weiterhin nicht oder nicht mehr arbeiten musst als in der Ehe (da Fortführung der ehelichen Lebensverhältnisse!). Wenn dein Mann also sofort nach der Trennung von dir verlangt, dass du mehr arbeiten gehen sollst, weil er keinen Trennungsunterhalt zahlen möchte, kannst du das gern tun, wenn du beruflich wieder Fuß fassen möchtest – aber du musst nicht. Erst nach Ablauf des Trennungsjahres endet der rechtliche „Welpenschutz" für Ehefrauen und es wird geprüft, ob du mehr arbeiten gehen kannst.

Wenn kein Hinderungsgrund, wie z. B. eine Krankheit oder die Betreuung von Kindern, vorliegt, dann musst du mehr arbeiten gehen. Wenn du das nicht machst, wirst du tatsächlich so behandelt, als ob du arbeiten gehen würdest, und es wird dir ein eigenes Einkommen zugerechnet, das du gar nicht verdienst. Das heißt dann „fiktives Einkommen" und es reduziert deinen Unterhaltsanspruch gegen den Mann. Gehst du aber sofort nach der Trennung mehr arbeiten, als du musst, sparst du nur das Geld deines Ehemannes, weil er dann weniger an dich zahlen muss. Das hat er dann vielleicht für andere Dinge übrig, die nichts mit dir zu tun haben. Was dir dann vielleicht gar nicht so recht ist. Also überlege gut, ob du dich sofort von ihm stressen lässt, damit er Ruhe gibt. Meist brauchst du deine Energie nach der Trennung erst mal für dich oder die Kinder.

Den Trennungsunterhalt kannst du ganz einfach selbst geltend machen, indem du deinem Partner ein Einwurf-Einschreiben zukommen lässt (damit der Zugang bewiesen werden kann). Andere Einschreiben muss der Ehegatte selbst abholen, doch das tun nicht alle. Vor allem werden Einschreiben dann nicht von der Post abgeholt, wenn eine ungute Vorahnung besteht. Das ist eine alte Anwaltsweisheit, die für alle unangenehmen Poststücke gilt.

Alternativ kannst du eine E-Mail und/oder eine Kurznachricht bzw. WhatsApp senden und deinen Ehegatten auffordern, ab sofort

Trennungsunterhalt an dich zu zahlen. Ja, das ist eine wirksame juristische Aufforderung an den Ehegatten – und dafür benötigst du noch nicht mal einen Anwalt. Sinnvollerweise solltest du diese Aufforderung möglichst schnell nach der Trennung an deinen Ehegatten senden, damit der Anspruch sofort entsteht. Wenn nach dieser Aufforderung 99 Versuche in fünf Monaten, es friedlich mit dem Mann zu klären, nicht geklappt haben, kannst du ab dem Datum deiner Aufforderung nachträglich noch deinen Unterhalt einfordern, bist insoweit abgesichert und kannst eine friedliche Einigung trotzdem versuchen.

Hast du deinen Mann nicht schriftlich und beweisbar aufgefordert, sondern ihm das nur in endlosen Schleifen mündlich erklärt, hast du keinen Beweis. In diesen Fällen bekommst du für diese Zeit auch nachträglich nichts, was schade wäre und dir in ferner Zukunft nachträglich nicht mehr recht sein könnte. Also denk gar nicht daran, dies nicht einzufordern!

Profi-Tipp:
Schick den folgenden Text als WhatsApp oder E-Mail an deinen Ex-Partner: „Ich fordere dich auf, mir Auskunft über alle deine Einkünfte in den letzten zwölf Monaten zu erteilen, mir alle Gehaltsabrechnungen und Unterlagen dazu zu geben und ab sofort Unterhalt zu zahlen. Erledige das bis zum Zeitpunkt X." Hier unbedingt ein festes Datum einsetzen, das 14 Tage vom Tag dieser Nachricht entfernt liegt. Wenn du bis dahin nichts bekommen hast, ist er ab dem 15. Tag „in Verzug" und muss dir als Schadensersatz die Kosten für die anwaltliche Aufforderung, dies zu tun, nachträglich erstatten. Denn er kann ja lesen und hatte die Gelegenheit dazu. Und hat es dennoch nicht getan!

Unterhalt gibt es natürlich nicht nur für den Zeitraum von der Trennung bis zur Scheidung, sondern in den meisten Fällen auch noch nach der Scheidung. Dazu kommen wir jetzt.

Unterhalt wegen zusammen getroffener Lebensplanung

Ganz klassisch entscheiden sich auch heute noch Paare dafür, dass ein Ehegatte aus persönlichen Gründen zu Hause bleiben soll: Die Kinder sind gut versorgt und werden bei den Hausaufgaben betreut; es ist immer etwas zu essen im Kühlschrank; die Hemden werden rechtzeitig aus der Reinigung abgeholt oder per Hand gebügelt und hängen griffbereit im Schrank. Oder einer der Ehegatten verdient so viel, dass er sich den Komfort eines liebevoll eingerichteten Zuhauses gönnen möchte. Dann ist klar, dass der andere Ehegatte nach so einer langen Pause nicht einfach wieder ins Erwerbsleben eintauchen kann.

In die meisten Berufe kann man nach so einer langen Pause nicht einfach wieder einsteigen, weil die Anforderungen und Entwicklungen große Fortschritte gemacht haben. Also hat auch ein solcher Komfort in der Ehe manchmal seinen Preis. Viele Männer (und Frauen) wünschen sich heute wieder eine klassische Rollenverteilung in der Ehe. Ihnen sollte dabei klar sein, dass man kein klassisches Ehemodell leben kann, ohne dass beide an den Konsequenzen im Fall einer Scheidung teilhaben und sich einen etwaigen finanziellen Schaden teilen müssen, der dann für den Mann im Zahlen von Unterhalt besteht. Weil er eine Vollversorgung in der Ehe und eine nicht gestresste Hausfrau haben wollte.

Unterhalt wegen Kindesbetreuung

Dieser Unterhalt muss immer gezahlt werden, wenn der geschiedene Ehegatte mindestens ein gemeinsames Kind erzieht und sich dadurch nicht allein vollständig unterhalten kann. Die Begründung erschließt sich von selbst: Beide Ehegatten haben sich irgendwann für ein Kind entschieden, das sich naturgemäß nicht selbst betreuen kann. Wird das Kind von einem Elternteil betreut, kann der betreuende Elternteil nicht vollschichtig arbeiten gehen, weil das mit den vielfältigen Bedürfnissen eines Kindes in großen Teilen kollidiert:

Das Kind möchte geweckt werden und Frühstück bekommen. Es möchte in den Kindergarten oder in die Schule gebracht und vor allem pünktlich abgeholt werden, was – je nach Einrichtung – spätestens um 14 Uhr der Fall ist, und selbst dabei muss man eine gesicherte Halbtagsbetreuung in Anspruch nehmen, weil das Kind sonst schon mal wegen Unterrichtsausfall oder Lehrerausflug um 11:10 Uhr Schluss hat – was eine sehr ungünstige Ausgangssituation ist, wenn man selbst gerade an der Supermarktkasse oder im Büro mit einem Kunden sitzt und bis 14 Uhr in den Schichtplan des Arbeitgebers eingeplant ist.

Auch dann ist noch nicht automatisch Schluss: Das Kind möchte essen (und es kann aus gesundheitlichen und finanziellen Gründen nicht jeden Tag der Schnellimbiss sein), will bespaßt werden, muss zum Kieferorthopäden oder Kinderturnen gebracht werden, soll seine Hausaufgaben machen und vieles mehr.

Diese Herausforderungen zeigen, dass Kinderbetreuung und eine Vollzeittätigkeit in der Regel bis zum Ende der Grundschulzeit schwer miteinander zu vereinbaren sind. Bei Kindern unter drei Jahren gilt ohnehin: Sie müssen nicht zwingend fremdbetreut werden, nur damit ein Elternteil arbeiten gehen kann. Wie du inzwischen weißt, besteht in dieser Zeit keine Erwerbsobliegenheit. Das ist auch nachvollziehbar, denn wer sich für Kinder entscheidet, trägt die Verantwortung dafür, ihre Bedürfnisse ernst zu nehmen und die Folgen dieser Entscheidung gemeinsam zu tragen.

Bis zum dritten Lebensjahr eines Kindes muss der betreuende Elternteil also nicht arbeiten gehen. Entscheidet er sich dennoch dafür, wird ein erzieltes Einkommen nur teilweise – häufig nur zur Hälfte –

angerechnet, weil keine Verpflichtung zur Erwerbstätigkeit besteht. Ab dem dritten Lebensjahr geht die Rechtsprechung davon aus, dass eine Teilzeittätigkeit möglich und zumutbar ist.

Das bedeutet im Umkehrschluss: Der erwerbstätige Ehegatte bleibt weiterhin unterhaltspflichtig, sofern er leistungsfähig ist. Heißt: Er ist in der Lage, Unterhalt zu zahlen, ohne dabei seinen eigenen Lebensunterhalt zu gefährden. Der Unterhalt kann sich durch die Teilzeittätigkeit zwar verringern, entfällt aber nicht. Und damit platzt bei demjenigen, der zahlen muss, oft der Traum vom Ende der Zahlungsverpflichtung – und davon, Leben und Geld wieder ganz für sich zu haben.

In § 1570 BGB heißt es außerdem, dass sich der Anspruch auf Unterhalt wegen Kinderbetreuung über das dritte Lebensjahr des Kindes hinaus verlängern kann, wenn und soweit dies der Billigkeit entspricht. Dabei geht es vor allem um die Interessen und Bedürfnisse des Kindes sowie die bestehenden Möglichkeiten der Kinderbetreuung.

Nach dem dritten Geburtstag eines Kindes ist der getrennt lebende betreuende Ehegatte in der Regel verpflichtet, die Möglichkeit einer Fremdbetreuung durch Kindergarten, Hort oder Tagesmutter anzunehmen. Dies ergibt sich zum einen aus dem Gedanken, dass es für die soziale und geistige Entwicklung eines Kindes positiv ist, mit anderen Kindern zu interagieren und nicht ausschließlich von Mutti in der Küche betreut zu werden.

Zum anderen besteht die Verpflichtung, wieder in das Erwerbsleben einzutreten, sodass man nicht einfach sagen kann, man wolle das Kind lieber allein betreuen. Andernfalls kann es dazu kommen, dass der betreuende Elternteil so behandelt wird, als würde er einer Teilzeitbeschäftigung nachgehen, und gegebenenfalls keinen Unterhalt mehr erhält. Um es klar zu sagen: Das Gericht kann den Elternteil so behandeln, als würde er arbeiten gehen und Einkommen erzielen, obwohl tatsächlich kein Einkommen vorhanden ist (sogenannte Einkommensfiktion).

Gleichzeitig ist zu berücksichtigen, dass ein kleines Kind viele Bedürfnisse hat und auf Betreuung angewiesen ist. Das Bedürfnis des Kindes bedeutet jedoch nicht, dass der betreuende Elternteil nach der Erwerbstätigkeit völlig erschöpft sein muss, sondern dass er in der Lage bleibt, sich in angemessener Weise um das Kind zu kümmern. Die Erwerbstätigkeit darf den betreuenden Elternteil also nicht überfordern. Sie muss so ausgestaltet sein, dass weiterhin eine angemessene Betreuung des Kindes möglich bleibt und der Elternteil nicht physisch oder psychisch unzumutbar belastet wird.

Die Verpflichtung, wieder arbeiten zu gehen, hängt auch von den konkreten Möglichkeiten der Kinderbetreuung ab. Dies richtet sich nach Wohnort (im kleinsten Dorf ohne Familienanschluss oder Kindergarten ist die Betreuung schlecht), den tatsächlichen Betreuungsangeboten und Öffnungszeiten der Einrichtungen – und ob dort überhaupt Plätze vorhanden sind. Gibt es aber Betreuungsplätze und sind diese einigermaßen reell zu erreichen, musst du dir eine Arbeit suchen. Dabei gibt es keine konkreten Vorgaben, außer dass die Berufstätigkeit mit den Öffnungszeiten der Kinderbetreuung vereinbar sein muss, wobei eine Fahrtzeit von der Betreuungseinrichtung zum Arbeitsplatz und zurück natürlich mitberücksichtigt wird.

Nach einer Trennung entbrennt in der Regel relativ schnell der Streit darüber, wann der die Kinder betreuende Elternteil, meist die Mutter, endlich wieder arbeiten gehen kann – und wie viel. Hat man sich nicht mehr gern, wird oft verlangt (und in ganz seltenen Fällen ausgeurteilt), dass die Mutter auf jeden Fall vollschichtig, also in der Regel 40 Stunden pro Woche, arbeiten gehen muss. Dabei wird jedoch vergessen, dass auch bei optimalen Betreuungsbedingungen das Kind zur Schule gebracht, man selbst zur Arbeit hin- und zurückfahren muss und all das in die Betreuungszeit passen muss.

Die Rechtsprechung schaut da auf den Einzelfall und hat klargestellt, dass die Pflicht zum Umfang der Berufstätigkeit vom Alter des Kindes, den Betreuungsmöglichkeiten, der Rollenverteilung in der Ehe und der Fremdbetreuungsfähigkeit des Kindes abhängt (OLG Düsseldorf, Az. II 3 WF 139/19). Dabei wird richtigerweise abgewogen, ob man den betreuenden Elternteil nicht überstrapaziert, denn er muss die Transportwege „ohne Zeitnot zuverlässig innerhalb des Zeitraums der Betreuung" schaffen können.

Ferner muss geklärt werden, welchen sportlichen, musischen oder anderen Hobbys das Kind nachgeht, zu denen es regelmäßig hingebracht und abgeholt – also auch betreut – werden muss. Das passt in der Regel nicht zu einer Vollzeittätigkeit, sodass der betreuende Elternteil nicht mehr als 30 Wochenstunden arbeiten muss.

Wie lange Betreuungsunterhalt gezahlt werden muss (und damit eine teilweise Erwerbsverpflichtung verlangt wird), ist nicht konkret geregelt, sondern hängt auch von den Belangen des Kindes ab (sogenannte kindbezogene Gründe).

Benötigt ein Kind viel mehr als die drei Monate lange Eingewöhnungsphase im Kindergarten, so kann die Mutter in der Regel in dieser Zeit auch nicht arbeiten gehen, was allerdings vielen Vätern nicht einleuchtet, da sie möglicherweise die Fantasie haben, dass man ein Kind im Kindergarten einfach abgibt und gut ist es.

Auch in der Schulzeit gibt es viele kindbezogene Gründe, die eine Verlängerung des Betreuungsunterhaltes rechtfertigen und begründen: Das Kind hat einen besonderen Förderbedarf, wie z. B. eine Lese-Rechtschreib-Schwäche, kann sich nicht gut konzentrieren und in die schulischen Anforderungen einfinden, hat Probleme in bestimmten Teilbereichen des Lernstoffes und bedarf Nachhilfe und/oder täglicher Unterstützung in Form von Lernbegleitung, Hausaufgabenkontrolle oder besonderer Förderung in Form von (Lern-)Therapien.

Aber es gibt auch positive Gründe unter dem Aspekt der „Billigkeit" für die Verlängerung des Betreuungsunterhaltes, beispielsweise, wenn das Kind während der Ehe sportlich oder musisch gefördert wurde und drei- bis viermal pro Woche zu Trainingseinheiten, Geigenstunden, Fußballspielen oder Golfturnieren gefahren werden muss. Es besteht kein Grund, das in der Ehe im Einvernehmen der Eltern Gelebte plötzlich zulasten des Kindes abzubrechen, nur weil die Ehe gescheitert ist. Oder weil man den Elternteil bestrafen möchte, der in der Ehe zur Entlastung des anderen Elternteils diese Betreuungsaufgaben wahrgenommen und auf die jahrelang gelebte Rollenverteilung vertraut hat. Das Kind kann ja nichts dafür, dass die Eltern sich getrennt haben.

Tragisch sind die Fälle, in denen ein Kind nicht gesund auf die Welt kommt oder schicksalhaft erkrankt, was aufgrund des allgemeinen Lebensrisikos leider vorkommen kann. Aktuell betreue ich drei Kinder von Mandanten, die aufgrund verschiedener Krankheitsbilder auf den Rollstuhl angewiesen sind und schon allein deswegen deutlich mehr der Fürsorge bedürfen. Bei denen ist klar, dass der Betreuungsbedarf viel länger als über das dritte Lebensjahr hinaus bestehen wird.

Je nach Schwere der Erkrankung kann es sein, dass ein Kind sein Leben lang nahezu rund um die Uhr einer Betreuung bedarf, was natürlich mit einer Erwerbstätigkeit kaum zu vereinbaren ist und nur mit großer Anstrengung der Mütter geleistet werden kann. Auch mit Unterstützung sind dies Fälle, wo ein Unterhaltsanspruch über die Volljährigkeit des Kindes hinaus besteht, wenn das Kind diese Betreuung braucht und du sie erbringst.

Aber diese schlimmen – zum Glück nicht so oft auftretenden – Fälle wollen wir hier aus Gründen unserer Psychohygiene nicht vertiefen.

Unterhalt wegen Krankheit

Die Ehegatten haben sich anlässlich der Hochzeit vor dem Traualtar versprochen, in guten und in schlechten Zeiten füreinander da zu sein. Diese Einstellung schlägt sich auch in dem Gedanken der nachehelichen Solidarität füreinander nieder, den das Gesetz zugrunde legt. Nachehelichen Unterhalt wegen Krankheit kann nach § 1572 BGB ein geschiedener Ehegatte verlangen, solange und soweit von ihm ab dem Zeitpunkt ...

- der Scheidung,
- der Beendigung der Pflege oder Erziehung eines gemeinschaftlichen Kindes,
- der Beendigung der Ausbildung, Fortbildung oder Umschulung oder
- des Wegfalls der Voraussetzungen für einen Unterhaltsanspruch nach § 1573 an wegen Krankheit, anderer Gebrechen oder Schwäche seiner körperlichen oder geistigen Kräfte

eine Erwerbstätigkeit nicht erwartet werden kann.

Das heißt, dass sich Unterhalt wegen Krankheit durchaus an einen anderen Unterhaltstatbestand anschließen kann. Dabei ist es keineswegs so, dass die Krankheit in oder durch die Ehe entstanden sein muss, sondern es reicht aus, wenn eine Krankheit eintritt, die normalerweise auftreten kann, und die Krankheit der Grund für die Erwerbsunfähigkeit ist.

Früher war es so, dass nahezu alle Frauen nach der Trennung behauptet haben, durch die Trennung oder die Umstände in der Ehe zumindest depressiv oder anders traumatisiert und daher arbeitsunfähig zu sein. Daher ist die Rechtsprechung da ein bisschen rigider geworden. Als berücksichtigungsfähige Krankheiten sind psychische Erkrankungen wie Depressionen, Magersucht, andere Suchterkrankungen wie Alkoholismus und alle körperlichen Erkrankungen, die eine Erwerbsfähigkeit unmöglich machen, anerkannt. Dabei kann es sich um Verschleißerkrankungen wie Rückenleiden oder um Behinderungen, aber natürlich auch um eine Arbeitsunfähigkeit wegen schwerer Erkrankungen wie Krebs handeln. Hühneraugen reichen nicht aus, sondern die Krankheit muss mindestens eine Minderung der Erwerbsfähigkeit zur Folge haben.

Die Krankheit kann allerdings nicht irgendwann nach der Ehe entstanden oder aufgetreten sein, sondern muss bereits zu den genannten Zeitpunkten vorgelegen haben. Dennoch gibt es durchaus Einzelfälle, in denen nachehelicher Unterhalt wegen Krankheit ausgeurteilt worden ist, obwohl die Krankheit (konkret war es eine Krebserkrankung) erst nach der Scheidung entdeckt wurde. Das Gericht ging davon aus, dass diese Erkrankung sich langfristig entwickelt hatte und nicht von heute auf morgen und bejahte den Unterhaltsanspruch.

Trotzdem ist eine Krankheit kein Freifahrtschein: Jeder Unterhaltsberechtigte ist verpflichtet, seine Krankheit ordnungsgemäß behandeln und therapieren zu lassen. Dabei ist nicht nur die passive Entgegennahme der medizinischen Behandlung ausreichend, sondern man muss auch im Hinblick auf die empfohlenen Maßnahmen mitwirken. Derjenige, der Diabetes hat, soll nicht nur eine Schulung besuchen, sondern auch entsprechend den ärztlichen Empfehlungen Insulin spritzen.

Tut man das nicht, kann ein Unterhaltsanspruch ganz oder teilweise entfallen, was z. B. bei Alkoholismus deutlich wird: Macht man keine Therapie, dann wird es auch nicht besser und man wird nicht gesund. Dann lässt sich natürlich auch nicht sagen, dass man nicht arbeiten gehen kann, weil man krank ist.

Achtung:
In seinem Urteil vom 28.04.2010, Az. XII ZR 141/08, hat der Bundesgerichtshof (BGH) im Hinblick auf den nachehelichen Unterhalt festgestellt, dass auch Unterhalt wegen Krankheit nicht unbegrenzt gezahlt werden muss, sondern eine Befristung gemäß § 1578b BGB für den nachehelichen Krankheitsunterhalt im Sinne des § 1572 BGB zulässig sein kann.

So entschied auch der BGH bei einer kinderlosen Ehe. Er entschied einen ungekürzten nachehelichen Unterhalt bis zu drei Jahren nach Rechtskraft der Scheidung und acht Jahren nach Zustellung des Scheidungsantrages und erachtete dann für zwei weitere Jahre einen teilweisen Unterhaltsanspruch in Höhe von 1.000 Euro monatlich als angemessen (BGH, 30.03.2011, Az. XII ZR 63/09).

Insbesondere, wenn ihr in der Ehe gemeinsame Kinder betreut habt und die Krankheit schon vor der Ehe bekannt war, kann dir dennoch unbefristeter Unterhalt zugesprochen werden, wenn keine Aussicht auf Genesung und Wiedererlangung der Erwerbsfähigkeit besteht (OLG Brandenburg vom 13.03.2020, Az. 13 UF 78/19).

Merke:
Es sind immer mehrere Faktoren von Bedeutung, aber im Falle von Krankheit bekommst du auch nach der Ehe bei Vorliegen der Voraussetzungen Unterhalt – allerdings nicht zwingend endlos.

Unterhalt wegen Erwerbslosigkeit

Ist ein Ehegatte nach der Trennung weder krank noch alt oder muss Kinder betreuen, so ist er – insbesondere, wenn er in der Ehe ein klassischeres Rollenmodell gelebt hat – nach der Scheidung durchaus schon mal arbeitssuchend. Das ist die Kehrseite des Komforts, den manche Ehegatten sich in der Ehe wünschen, wenn – meist die Frau – für ein schönes Zuhause und gut erzogene, vorzeigbare Kinder gesorgt hat. Hast du deine eigene Berufstätigkeit also zurückgestellt und viele Jahre nicht gearbeitet, dann ist der Unterhalt wegen Erwerbslosigkeit nach § 1573 BGB deine Lösung. Dieser Tatbestand kommt in Frage, wenn du …

- kein oder nur ein geringes Einkommen nach der Scheidung erzielst,
- dich schon und vor allem nachweislich bemüht hast, eine neue Arbeitsstelle zu finden,
- arbeitest, aber nicht genug verdienst, um dich selbst unterhalten zu können (dann greift der Aufstockungsunterhalt) und
- einen leistungsfähigen Ex-Partner hast, der also genug Geld besitzt, um diesen Unterhalt zahlen zu können, ohne seinen eigenen Lebensunterhalt zu gefährden.

Nach der Trennung gelten zunächst die ehelichen Lebensverhältnisse: Wer in der Ehe nicht gearbeitet hat, der muss auch sechs bis zwölf Monate nach der Trennung keine Arbeit aufnehmen, weil das eben in der Ehe so angelegt war. Auch, wenn es dem anderen nicht gefällt. Spätestens nach einem Jahr wird es dann aber kritisch, weil die Erwerbsobliegenheit (aka Verpflichtung, sich jetzt einen Job zu suchen) greift, und wer das dann nicht tut, kann so behandelt werden, als ob … du weißt schon!

Bist du nach der Scheidung immer noch arbeitslos, wird geprüft, ob du dich beworben hast. Einmaliges Bewerben reicht dabei nicht aus, sondern es wird abgefragt, wo und wie oft du dich beworben und warum du immer noch keine Arbeit gefunden hast. Wenn du Unterhalt haben möchtest, dann musst du dem Gericht beweisen, was du konkret unternommen hast, um eine Arbeit zu finden, wie viele Bewerbungen du geschrieben, wie viele Absagen du bekommen hast, und du musst genau erklären, warum du immer noch keine Arbeit gefunden hast (Erwerbsobliegenheit).

Früher war es so, dass man pauschal behaupten konnte, man habe sich initiativ beworben und nie eine Antwort bekommen oder sei in der Stadt herumgelaufen und habe gefragt, ob eine Stelle frei sei. Dann wurde lapidar eine Liste mit echten oder erfundenen Bewerbungen und Firmen zu den Akten gereicht, was nicht wirklich überprüft werden konnte.

Da diese Taktik zu beliebt geworden ist, prüfen die Gerichte jetzt gewissenhafter. Richtungsweisend war beispielsweise eine Entscheidung des OLG Brandenburg aus dem Jahre 2014 (OLG Brandenburg vom 22.04.2008, Az. 10 UF 226/07), in der dargelegt wurde, dass die bloße Meldung beim Arbeitsamt keineswegs ausreicht. Vielmehr wird verlangt, dass man sich aktiv und nachweisbar auf Stellenangebote bewerben und gegebenenfalls eigene Stellengesuche in Zeitungen schalten muss. Auch die Anzahl der geschriebenen Bewerbungen wird vom Gericht geprüft. Im vorliegenden Fall hatte die Frau lediglich 13 Bewerbungen in einigen Monaten geschrieben, was dem Gericht deutlich zu wenig war.

Teilweise wird – sowohl bei unterhaltsberechtigten, aber auch unterhaltsverpflichteten Ehegatten – verlangt, dass sie die Zeit, die normalerweise ein Mensch pro Tag an seinem Arbeitsplatz verbringt, mit dem Verfassen von Bewerbungen zubringen, was zu einer deutlich höheren Anzahl führt. Kann man den Beweis nicht erbringen, muss man sich so behandeln lassen, als ob man die Einkünfte aus der Arbeitsstelle hätte und bekommt im schlimmsten Fall keinen Unterhalt.

Merke:

Es gibt diverse Anspruchsgrundlagen für nachehelichen Unterhalt. In der Regel ist der Unterhaltsanspruch aber nicht lebenslänglich, sondern befristet. Ist die Erwerbslosigkeit jedoch dauerhaft aufgrund einer nicht behandelbaren Krankheit oder wegen Alters, kann dieser Unterhalt auch langfristig gewährt werden.

In diesen Fällen kann der Unterhalt aber gekürzt werden, wenn du als Berechtigter eine Altersrente erhältst oder eine Erwerbsunfähigkeitsrente beantragen kannst. In seinem Urteil vom 28.04.2010 (Az. XII ZR 141/08) stellte der Bundesgerichtshof fest, dass eine Krankheit des Unterhaltsberechtigten keinen ehebedingten Nachteil darstellt und daher den Anspruch auf nachehelichen Unterhalt nicht automatisch erhöht.

Aufstockungsunterhalt

Manchmal arbeitet der unterhaltsberechtigte Ehegatte nach der Scheidung, hat aber zusätzlich für einen gewissen Zeitraum einen kleineren Anspruch auf Aufstockungsunterhalt oder auf Altersvorsorgeunterhalt. Es wäre schade, diese Unterhaltsansprüche nicht geltend zu machen, obwohl sie dir gesetzlich zustehen.

Aufstockungsunterhalt ist eine besondere Form des nachehelichen Unterhaltes und dient dazu, den wirtschaftlich schwächeren Ehegatten mit geringeren Einkünften auch nach der Scheidung so zu unterstützen, dass er einen Lebensstandard weiterführen kann, der sich an dem in der Ehe orientiert, wenn sein eigenes Einkommen nicht ausreicht. Nach § 1573 II BGB müssen dafür folgende Voraussetzungen vorliegen: Der geschiedene Ehegatte verfügt zwar über eigenes Einkommen, dies reicht aber nicht aus, um den in der Ehe gewohnten Lebensstandard aufrechtzuerhalten. Nach dem Prinzip der Eigenverantwortung muss der geschiedene Ehegatte allerdings angemessen erwerbstätig sein oder wird so behandelt, als wäre er berufstätig.

Habt ihr beispielsweise gemeinsam in der Ehe über Einkünfte in Höhe von 8.000 Euro verfügt und nach der Scheidung verdienst du nur 2.000 Euro, so steht dir mit hoher Wahrscheinlichkeit Aufstockungsunterhalt zu. Dies hat den Hintergrund, dass es dir nach Auffassung des Gesetzes nicht zumutbar ist, wenn du in der Ehe bei Prada eingekauft hast, aber nach der Scheidung nur noch zu H & M gehen sollst.

Ich denke, es ist klar, dass ihr einige Zeit verheiratet gewesen sein müsst, damit ein gemeinsam gelebter Lebensstandard überhaupt entstehen konnte. Daher kann der Aufstockungsunterhalt nur beansprucht werden, wenn es sich um keine Ehe von kurzer Dauer gehandelt hat, ihr also mindestens zwei Jahre verheiratet wart. Die Regelung lautet, dass bei Ehen von kurzer Dauer ein Verwirkungsgrund vorliegt und damit grundsätzlich kein Anspruch auf nachehelichen Unterhalt besteht, denn dieser wird wegen grober Unbilligkeit nach § 1579 Nr. 1 BGB grundsätzlich von den Familiengerichten verwehrt. Das heißt konkret: Wenn du nur etwa ein Jahr mit eurem Ehegatten verheiratet gewesen bist und ein Jahr in Trennung gelebt hast, ist die nacheheliche Solidarität noch nicht so ausgeprägt, dass der Ehegatte auch nach der Trennung noch für dich zahlen muss. Irgendwie nachvollziehbar, oder?

Die Richter schauen also auf die Ehedauer. Daher ist der Aufstockungsunterhalt auch zeitlich begrenzt, da das Gesetz davon ausgeht, dass der unterhaltsberechtigte Ehegatte zwar einen sanften Übergang nach der Scheidung im Hinblick auf seine Finanzen haben soll, aber sich auf Dauer selbst versorgen soll und auch kann.

Vorsicht:
Früher gab es den Lebensentwurf, dass man einmal einen Chefarzt heiraten muss und dann bis zu seinem Lebensende durch die endlosen Unterhaltszahlungen ausgesorgt hat. „Einmal Chefarztgattin, immer Chefarztgattin" gilt beim Unterhalt eindeutig nicht mehr!

Unterhalt zur Altersvorsorge

Diesen oft völlig unbekannten Diamanten des Unterhaltsrechts solltest du nach der Scheidung unbedingt kennen: den Anspruch auf Altersvorsorgeunterhalt. Wenn du an die allgemeinen Rechte und Pflichten, die grundsätzlich aus einer Ehe entstehen, denkst, dann weißt du, dass für die Dauer der Ehe die Ansprüche auf Rente beider Ehegatten im Falle einer Scheidung hälftig ausgeglichen werden, damit jeder wertmäßig genau die Hälfte für die Ehezeit erhält. Das ist so, weil das Gesetz jede Arbeitsleistung in der Ehe – egal, wie sie gewählt und gelebt wurde – als gleichwertig ansieht und keiner im Hinblick auf die Altersvorsorge benachteiligt werden soll.

Ist man aber erst mal getrennt, endet die Aufteilung der gemeinsam in der Ehe erworbenen Rentenanwartschaften mit der Einreichung der Scheidung bei Gericht, da spätestens dann die eheliche Solidargemeinschaft endet. Die Regelung dazu steht in § 3 VersAusglG, wonach die Ehezeit im Sinne des Gesetzes am ersten Tag des Monats beginnt, in dem die Ehegatten geheiratet haben, und am letzten Tag des Monats vor der Zustellung des Scheidungsantrages endet. Generationen von Mandanten wurden in Unkenntnis dieser Umstände schon ganz unruhig und teilten mir mit, dass sie aber nicht am ersten des Monats geheiratet hätten und die Berechnung der Versorgungsanwartschaften somit vermutlich falsch sei.

Wenn die eheliche Solidarität mit der Einreichung der Scheidung endet, bedeutet das also auch, dass die Ehegatten ab diesem Zeitpunkt nicht mehr an den Rentenanwartschaften des anderen Ehegatten beteiligt werden, was ungünstig und unschön ist, wenn der andere Ehegatte dreimal so viel verdient und dementsprechend abhängig von der Höhe seiner Einkünfte auch mehr in die Rentenkasse einzahlt. Man selbst bekommt davon aber nichts ab, obwohl man auf die gemeinsamen Kinder aufpasst und schon aufgrund dieser Tatsache nicht in Vollzeit arbeiten kann.

Um diesen Missstand zu beheben, gibt es den Altersvorsorgeunterhalt. Dabei handelt es sich um einen zusätzlichen Unterhalt zur Schließung von Rentenlücken ab Zustellung der Scheidung. Diese spezielle Form des nachehelichen Unterhaltes dient dazu, dem unterhaltsberechtigten Ex-Partner den Aufbau einer angemessenen Altersvorsorge zu ermöglichen, obwohl er getrennt ist. Er wird zusätzlich zum „normalen" Unterhalt (sogenannter Elementarunterhalt) gezahlt, um Versorgungslücken auszugleichen, die durch die Ehe entstanden sind.

Die gesetzliche Grundlage für den Altersvorsorgeunterhalt findet sich in § 1578 Abs. 3 BGB. Hier wird geregelt, dass der Unterhaltsberechtigte zusätzlich zum notwendigen Lebensunterhalt auch einen Beitrag zur Altersvorsorge erhalten kann, wenn er dies geltend macht. Dieser zusätzliche Unterhalt muss aber dann wirklich für ein Altersvorsorgeprodukt eingesetzt werden.

Den Altersvorsorgeunterhalt erhältst du beim Vorliegen folgender Voraussetzungen:

1. Grundsätzlicher Anspruch auf nachehelichen Unterhalt

Der Altersvorsorgeunterhalt setzt voraus, dass der Berechtigte einen anderen nachehelichen Unterhalt (z. B. Aufstockungsunterhalt, Betreuungsunterhalt oder Unterhalt wegen Krankheit) erhält. Ohne Anspruch auf Elementarunterhalt gibt es auch keinen Altersvorsorgeunterhalt.

2. Ehebedingte Versorgungslücken

Der unterhaltsberechtigte Ex-Partner muss durch die Ehe Nachteile in der Altersvorsorge erlitten haben, z. B., weil er während der Ehezeit nicht oder nur in Teilzeit gearbeitet hat.

3. Dauer der Unterhaltszahlung

Altersvorsorgeunterhalt wird nur für die Dauer des nachehelichen Unterhalts gezahlt. Endet der nacheheliche Unterhalt, endet auch der Altersvorsorgeunterhalt. Die generelle Faustformel für die Dauer des Erhaltens des nachehelichen Unterhalts lautet: ein Viertel bis ein Drittel der Ehezeit.

4. Finanzielle Leistungsfähigkeit des Unterhaltspflichtigen

Der zahlungspflichtige Ex-Ehegatte muss finanziell überhaupt in der Lage sein, neben dem Elementarunterhalt auch den Altersvorsorgeunterhalt zu leisten. Verdient er nicht genug, gibt es auch keinen Altersvorsorgeunterhalt.

Manchmal kommen Mandanten – und manchmal leider auch Anwälte – auf die Idee, schon direkt nach der Trennung Altersvorsorgeunterhalt zu verlangen. Dies geht aber auf keinen Fall, da du ja bis zur Scheidung über den Versorgungsausgleich an der Altersvorsorge deines getrennten Ehegatten teilhast. Also gut aufpassen!

Auch wenn du in der Ehe immer in Vollzeit gearbeitet hast, keine ehebedingten Nachteile in der Altersvorsorge hast, genug verdient hast und keinen nachehelichen Unterhalt benötigst, weil du ähnlich viel verdient hast wie dein Ex-Ehegatte, dann gibt es auch keinen Altersvorsorgeunterhalt.

Dies gilt auch, wenn ihr nach der Ehe wieder heiratet. Dann entfällt natürlich nicht nur der nacheheliche Unterhaltsanspruch, sondern auch der Altersvorsorgeunterhalt.

Wichtig:
Altersvorsorgeunterhalt muss schnell und ausdrücklich beantragt werden, also direkt ab Zustellung der Scheidung und spätestens wenn du nachehelichen Unterhalt geltend machst. Er wird nicht automatisch, sondern zusätzlich gezahlt. Du musst ihn spätestens im Antrag auf nachehelichen Unterhalt geltend machen, sonst kann er verfallen und du bekommst ihn später möglicherweise nicht mehr.
Der Altersvorsorgeunterhalt reduziert zwar etwas den Grundunterhalt, insgesamt bekommst du aber immer mehr – etwa 20 bis 24 % – als nur den normalen Unterhalt. Das Geld ist allerdings gebunden und steht nicht einfach zur freien Verfügung.
Du kannst das Altersvorsorgeprodukt selbst wählen. Es ist ausdrücklich erlaubt, z. B. eine private Rentenversicherung abzuschließen, auch wenn man später das Geld auf einmal auszahlen lassen kann (BGH, Az. XII ZB 544/20).

Wenn später nachgewiesen wird, dass du das Geld nicht richtig für deine Altersvorsorge genutzt hast und dein Ex-Ehegatte Auskunft verlangt, kann das rechtliche Folgen haben. Im schlimmsten Fall könnte dein Ex dich anzeigen, weil du das Geld genommen und vorgetäuscht hast, es für die Altersvorsorge zu verwenden – das solltest du unbedingt vermeiden.

Wie lange dir Unterhalt zusteht

Diese Frage ist für deine Zukunftsplanung interessant und wichtig. Die Faustformel lautet: ein Viertel bis ein Drittel der Ehezeit, weil es einen Unterschied macht, ob die Ehegatten 30 Jahre verheiratet waren oder nur drei. Aber es spielen auch noch andere Faktoren mit: Grundsätzlich ist jeder Ehegatte nach der Scheidung für sich und seinen Lebensunterhalt selbst verantwortlich, sofern es ihm wegen Kinderbetreuung, Alters, Krankheit oder einem der anderen Unterhaltstatbestände nicht unmöglich ist.

Doch was ist eine „lange Ehe“ im Sinne des Unterhaltsrechts? Diese Frage kann bedauerlicherweise nicht pauschal beantwortet werden, da das Gesetz nicht definiert hat, was als lange Ehe anzusehen ist.

Überwiegend haben sich die Gerichte auf eine Ehedauer von +/- 20 bis zu 35 Jahren und mehr geeinigt. Hat ein Ehegatte also mindestens 20 Jahre nicht oder kaum gearbeitet und mehrere Kinder erzogen, so kann eine Befristung des nachehelichen Unterhalts ausscheiden, sofern du nicht in einem OLG-Bezirk lebst, in dem eine längere Ehedauer verlangt wird.

Das gilt insbesondere, wenn der unterhaltsbedürftige Ehegatte zum Zeitpunkt der Scheidung bereits 60 Jahre alt ist und bei ihm die Voraussetzungen einer vollen Erwerbsminderung vorlagen, also er nachweislich krank ist (AG Frankenthal, Az. 71 F 214/19).

Allerdings wird auch geprüft, ob der unterhaltsbedürftige Ehegatte nicht auch noch über eigenes Vermögen verfügt: Hat er z. B. einen größeren Geldbetrag aus einem Hausverkauf zur Verfügung, wird dieser zur teilweisen Bedarfsdeckung in monatlichen Raten bis zum Ende der statistisch noch zu erwartenden Lebenszeit verteilt. Der unterhaltspflichtige Ehegatte darf Vermögen haben und muss dies nicht einsetzen, als bedürftiger Ehegatte gilt dies aber aus Gründen der Rücksichtnahme nicht. Das eigene Geld zu sparen und nur auf Unterhalt zu hoffen, ist also auch nicht die Lösung!

Der BGH hat allerdings ausgeführt, dass nicht nur die Dauer einer Ehe, sondern auch die wirtschaftliche Verflechtung der Ehegatten erforderlich ist, da sich daraus eine nacheheliche Solidarität ergibt. Das bedeutet, dass ein Ehegatte sich so sehr auf die zusammen getroffene Rollenverteilung in der Ehe eingelassen hat, dass er nicht unbedingt mit einer Scheidung rechnen musste (BGH, Urteil vom 20.03.2013, Az. XII ZR 72/11). Aus dieser Solidarität folgt, dass die Ehegatten auch nach der Scheidung aufeinander Rücksicht nehmen müssen.

Damit du ein Gefühl für die Bandbreite der Thematik bekommst, hier ein paar Entscheidungen aus dem Gerichtssaal:

Der BGH hat den nachehelichen Unterhalt unbefristet und ohne Reduzierungen bei einer 25-jährigen Ehe zugesprochen, weil die Ehefrau ihre gut dotierte Stelle für die Erziehung von zwei Kindern aufgegeben hatte und so eine besondere nacheheliche Solidarität entstanden war, durch die der andere Ehegatte diesen Nachteil mitzutragen hatte (BGH, Az. XII ZR 650/11).

Andererseits reicht eine 20 Jahre dauernde Ehe nicht aus für einen unbefristeten Unterhaltsanspruch, wenn der unterhaltsberechtigte Partner die ersten zehn Jahre der Ehe weiter in Vollzeit gearbeitet hat (BGH, Urteil vom 26.09.2007, Az. XII ZR 11/05).

Nach 32 Jahren Ehe hingegen soll nach Auffassung des OLG Dresden weder eine Herabsetzung noch eine Befristung von Unterhalt erfolgen (Urteil vom 25.09.2009, Az. 24 UF 717/08). In diesem Fall handelte es sich um eine Ehe mit einem gut verdienenden Ehemann (ca. 110.000 bis 130.000 Euro Einkommen pro Jahr) und einer Ehefrau, die schon Rentenbezüge erhalten hatte und nach Mallorca gezogen war, was den Mann zwar geärgert haben dürfte, aber das Gericht letztendlich nicht überzeugte.

Du siehst: Pauschal lässt sich eine solche Frage nicht beantworten. Es kommt immer auf die Umstände im Einzelfall und die schwierig einzuordnenden Begriffe der nachehelichen Solidarität an. Wichtig ist nur, dass du nicht das Märchen glaubst, dass dir kein Unterhalt nach der Scheidung zusteht!

Deine Care-Arbeit bezahlen lassen

Eins der größten gesellschaftspolitischen Themen ist die unbezahlte Care-Arbeit, die Frauen täglich leisten, ohne dass sie vergütet wird. Gemeint sind Dinge wie Putzen, Waschen, Kinderbetreuung, Einkaufen, Kochen, Geburtstagsgeschenke für Oma Luise kaufen etc. Nach Mitteilung des Statistischen Bundesamtes (Pressemitteilung Nr. 073 vom 24.03.2024, basierend auf der Zeitverwendungserhebung von 2022) verbringen Frauen pro Woche mehr als 13 Stunden mit unbezahlter Fürsorgearbeit, Männer nur knapp 6,5 Stunden. Das sind 44,3 % mehr!

Wärest du in dieser Zeit arbeiten gegangen und hättest den durchschnittlichen Lohn einer Reinigungskraft in Höhe von 15 Euro pro Stunde dafür bezahlt bekommen, wären das monatlich (bei vier Wochen) 390 Euro, 4.680 Euro pro Jahr und bei 20 Jahren Ehe 93.600 Euro ohne Inflationsberücksichtigung. Da du dies bestimmt nicht bekommen hast, hab bitte kein schlechtes Gewissen, wenn du deine Rechte und deinen Unterhalt einforderst! Denn außer durch den gesetzlichen Unterhalt und eventuellen Zugewinn wird deine Care-Arbeit nach dem Gesetz nicht vergütet, es sei denn, es wurde eine solche Zahlung ausdrücklich im Ehevertrag vereinbart. Dies erfolgt allerdings nur in Einzelfällen, da Eheverträge in der Vergangenheit meist nur von Männern gewollt wurden, um sich vor den gesetzlichen Regelungen zu drücken – und nicht, um die Frauen besserzustellen als das Gesetz.

Planst du, beim Notar eine friedliche Scheidungsvereinbarung mit deinem Ehegatten abzuschließen, kannst du durchaus verhandeln, indem du ihm das erklärst und vorrechnest (gerade bei Naturwissenschaftlern und Ingenieuren sinnvoll, da sie Zahlen prima verstehen können!) und vor allem hart nachverhandelst. Auch deinem Mann muss klar sein, dass er nicht die ganze Ehe über ganztags arbeiten und so viel Geld verdienen hätte können, wenn du ihm nicht den Rücken freigehalten hättest. Du hingegen hattest in all den Jahren Einkommenseinbußen, weil du eben nicht arbeiten konntest, sondern zu Hause warst und dich um all die kleinen Arbeiten gekümmert hast, die wenig prestigeträchtig sind.

Ansonsten bleibt dir noch, deine Kinder, insbesondere deine Töchter, über den Wert der Care-Arbeit aufzuklären, damit sie es später besser machen. Und vielleicht sogar am Anfang ihrer Ehe eine Ausgleichszahlung für sich fest in einem notariellen Vertrag vereinbaren – wie ein Gehalt, nur eben für die Care-Arbeit.

Profi-Tipp:
Rein praktisch hat sich bewährt, wenn du deinem Mann vorrechnest, wie viel Einkommen dir entgangen ist. Hast du also vor der Ehe und den Kindern 3.000 Euro netto und danach nur noch in Teilzeit gearbeitet und 1.500 Euro verdient, dann fehlt dir pro Jahr eine Summe von 1.500 Euro x 12 Monate, also 18.000 Euro. Macht bei zehn Jahren Ehe 180.000 Euro. Gegen diese nüchternen Fakten gibt es kaum Argumente. Auch wenn du nicht die volle Summe erhältst, lassen doch viele Männer mit sich reden, sodass zumindest eine kleine Anerkennung gezahlt wird.

Welche Unterhaltshöhe dir zusteht

Von immenser Bedeutung für deine Zukunftsplanung ist natürlich, wie viel Unterhalt dir zusteht. Das hängt von den konkreten Verhältnissen in der Ehe ab, also von der Einkommenshöhe und den monatlichen Belastungen. Daher möchte ich dir ein Beispiel an die Hand geben, mit dem du die Rechnung schon mal im Vorfeld durchdenken kannst:

- Ehemann verdient 5.000 Euro monatlich
- Ehefrau verdient 2.400 Euro monatlich

Wichtig ist zunächst, das „bereinigte Nettoeinkommen" zu ermitteln, also das Einkommen, das nach Abzug aller erlaubten Positionen übrig bleibt. Abzugsfähig sind z. B. folgende Positionen:

- Fahrtkosten zur Arbeit (0,42 € pro km x 22,5 Tage)
- private Kranken(-zusatz)versicherung
- Kosten für Arbeitskleidung
- Beiträge zu Berufsverbänden/Gewerkschaften
- vorrangig Unterhaltsberechtigte (Kinder)
- private Altersvorsorge bis 4 % des Jahresbruttos bei Angestellten zusätzlich
- Kredite aus oder vor der Ehezeit
- Lebens- und Risikolebensversicherung
- Berufsunfähigkeits-/Krankentagegeldversicherung
- Kontogebühren
- Steuerberatungskosten
- bei Ehegattenunterhalt ein Erwerbstätigenbonus in Höhe von 10 % des bereinigten Nettoeinkommens

Ehemann:	**5.000 €**
abzgl. Fahrtkosten (20 km täglich)	189 €
abzgl. Rentenversicherung	80 €
abzgl. Möbelkredit	450 €
abzgl. Gewerkschaft	18 €
bereinigtes Netto	4.263 €
abzgl. 10 %	426 €
	3.887 €

Ehefrau:	**2.400 €**
abzgl. Buskarte	91 €
abzgl. Riesterrente	20 €
abzgl. priv. Krankenzusatzversicherung	40 €
bereinigtes Netto	2.249 €
abzgl. 10 %	249 €
	2.000 €

Die 10 % sind übrigens der Erwerbstätigenbonus, den jeder Ehegatte sich im Vorfeld abziehen kann, damit er nicht gleich die Lust verliert, arbeiten zu gehen.

Dein Unterhalt, wenn beide Ehegannten Einkünfte haben, beträgt 1/2 der Differenz beider Einkünfte und lautet in unserem Fall: 3.887 € – 2.000 € = 1.887 € : 2 = 943,50 €

Wenn nur dein Ehegatte Einkünfte hat, gilt es auch dieses Einkommen zu bereinigen, aber die Unterhaltsquote beträgt dann nur 4,5/10 unter Berücksichtigung des Selbstbehaltes.

Habt ihr Kinder, werden diese mit dem Tabellenbetrag aus der Düsseldorfer Tabelle vorab abgezogen, sodass bei unserem Beispiel bei zwei Kindern – je nach Alter – für die Ehefrau nichts mehr übrigbleiben würde.

Merke:

Vom Ehegattenunterhalt allein wird Frau nicht reich! Umso wichtiger ist es, dass du dich über deine Rechte schlaumachst - und frühzeitig auch eigene finanzielle Perspektiven entwickelst.

Wie du den Unterhalt friedlich klärst

Schön wäre es, wenn du mit deinem Ehegatten den Unterhalt friedlich klären könntest. Dazu benötigt man bei Angestellten die letzten zwölf Abrechnungen und alle monatlichen Belastungen und kann wie zuvor dargestellt verfahren.

Bei Selbstständigen und Unternehmern greift man auf die letzten drei bis fünf Jahre der Einkünfte zurück, weil es hier Einkommensschwankungen gibt und deswegen ein längerer Zeitraum beleuchtet werden muss. In diesen Fällen addiert man die Einkünfte der letzten Jahre und teilt sie durch drei (oder fünf). So erhält man ein durchschnittliches Jahreseinkommen wie bei einem Angestellten und kann durch Division von zwölf Monaten ein monatliches Nettoeinkommen ermitteln. Nach Abzug von Steuern und den üblichen Belastungen (wie z. B. Krankenversicherung, Altersvorsorge etc.) ergibt sich ein bereinigtes Nettoeinkommen, mit dem, wie zuvor bei den Angestellten beschrieben, verfahren werden kann.

Allerdings investieren nicht alle Selbstständigen in eine normale Altersvorsorge, sondern lieber in Aktien oder Immobilien. Dennoch dürfen sie 24 % ihres Jahresbruttoeinkommens auch für die Altersvorsorge – in welcher Form auch immer – abziehen.

Grundlage der Einkommensermittlung bei Selbstständigen sind aber nicht Gehaltsabrechnungen, sondern der Selbstständige muss folgende Unterlagen bereitstellen:

- Einkommensteuererklärungen der letzten Jahre
- Bilanzen nebst Gewinn- und Verlustrechnungen bzw. Einnahmenüberschussrechnungen
- die letzten Einkommensteuerbescheide

Da die Einkommensermittlung bei Selbstständigen mit viel Papierkram zusammenhängt und vom Umfang deutlich größer ist, sollte man diese auf keinen Fall selbst vornehmen, sondern den Profis überlassen.

Ein Ansatz aus der Mediation ist, dass jeder Ehegatte berechnet, welche Ausgaben er für Miete, Strom und andere Lebenshaltungskosten hat, und dann könnt ihr euch auf eine Summe einigen, die sinnvoll erscheint und dem ehelichen Frieden dient. Alternativ geht ihr gemeinsam zum Anwalt, nehmt die in der Checkliste aufgeführten Unterlagen beider Ehegatten mit und lasst euch den Unterhalt ausrechnen.

Bei einvernehmlicher Regelung entstehen kaum Kosten und man muss weiter nichts machen. Leider gelingt das nicht allen Paaren.

Was deinem Kind zusteht – und wie du das sicherstellst

Im folgenden Kapitel erfährst du, was wirklich zählt: dein Kind, seine Absicherung und deine Handlungsfähigkeit als Mutter. Du erfährst, was bei Sorgerechtsentscheidungen, Umgang und besonderen Bedürfnissen konkret geregelt wird und wie du dein Kind umfassend schützen kannst. Außerdem lernst du, wie du den Umgang sinnvoll vereinbaren und dich verteidigen kannst, wenn dir Kommunikationsblockaden oder schädliches Verhalten vorgeworfen werden.

Was über das Sorgerecht geregelt wird

Das Sorgerecht der Eltern für ihre Kinder resultiert aus Artikel 6 GG und ist in § 1626 Abs. 1 BGB definiert. Danach haben Eltern das Recht und die Pflicht, für ihr minderjähriges Kind zu sorgen. Das Sorgerecht umfasst dabei die Personen- und Vermögenssorge. Die Eltern haben ferner das Recht, das Kind in rechtlichen Angelegenheiten zu vertreten, seine Rechte zu schützen und Entscheidungen für das Kind zu treffen.

Für Kinder, die in oder vor der Ehe geboren wurden und deren Eltern später heiraten, besteht automatisch das gemeinsame Sorgerecht beider Elternteile.

Geht es um Entscheidungen von erheblicher Bedeutung im Rahmen der elterlichen Sorge, ist das Einvernehmen beider Eltern erforderlich. Das wird in der Regel erst nach einer Trennung relevant, wenn bestimmte Entscheidungen nicht mehr selbstverständlich gemeinsam getroffen werden. In diesen Fällen ist die Zustimmung beider Elternteile notwendig und häufig auch schriftlich festzuhalten, insbesondere bei folgenden Punkten:

- Taufe
- Kindergartenanmeldung
- Schulanmeldung
- Operationen oder medizinische Maßnahmen, die nicht zwingend notwendig sind (z. B. Magenband, Ohrenkorrektur etc.)
- Kinderpsychologische Behandlung
- Passangelegenheiten (je nach Behörde und Bundesland unterschiedlich)
- Führerschein mit 17
- ein eigenes Konto für das Kind

- Wohnortwechsel des Kindes, wenn die neue Wohnung nicht in unmittelbarer Nähe ist und ein Schulwechsel erforderlich ist
- Urlaube des Kindes außerhalb der EU und abseits der üblichen Touristenziele

Werden die Eltern sich über diese Punkte nicht einig, kann man die Zustimmung des anderen Elternteils gerichtlich ersetzen lassen. Das funktioniert nur nicht bei der Taufe, da sich Gerichte nicht anmaßen, über die religiöse Erziehung eines Kindes zu entscheiden.

Die elterliche Sorge umfasst im Einzelnen:

Personensorge

Diese beinhaltet die Verantwortung der Eltern für alle persönlichen Belange des Kindes, wie Kindererziehung, Alltagsentscheidungen, Bekleidung, Ernährung, Zuwendung und persönliche Betreuung sowie die Gesundheitsvorsorge, ein Teilbereich, der nicht nur ärztliche Behandlungen, sondern auch Impfungen umfasst und durchaus Konfliktpotenzial bietet.

Die Eltern können bestimmen, wo und wie das Kind lebt, welchen Kindergarten und welche Schule es besucht, wo es in den Urlaub hinfährt und welche Ausbildung es bis zur Volljährigkeit ergreift.

Vermögenssorge

Die Vermögenssorge beinhaltet das Recht der Eltern, das Vermögen des Kindes zu verwalten, wenn solches vorhanden ist. Dabei sind sämtliche Vermögenswerte, die ein Kind hat, also auch Gesellschaftsanteile, Forderungen, Beteiligungen etc., gemeint – nicht nur Geld. Sparbücher oder Geldanlagen für das Kind darf somit nicht nur ein Elternteil an sich nehmen und allein verwalten, sondern dazu sind beide Elternteile berechtigt und verpflichtet, was jedoch in der Praxis im Alltag oft anders aussieht.

Profi-Tipp:
Kümmere dich um die Vermögensunterlagen deines Kindes, um etwaigem Streit aus dem Weg zu gehen.

Rechtliche Vertretung

Zur rechtlichen Vertretung gehört nicht nur der Abschluss von Verträgen (z. B. ein Behandlungsvertrag für die Zahnspange deines Kindes mit dem Kieferorthopäden), sondern alle rechtsgeschäftlichen Handlungen, die das minderjährige Kind betreffen, wie die Beantragung von Hilfe zur Erziehung beim Jugendamt oder eines Reisepasses.

Ein Vertretungsverbot existiert zum Schutz des Kindes nur, wenn das Rechtsgeschäft, das die Eltern im Namen des Kindes abschließen, für das Kind möglicherweise rechtlich nachteilig ist (§§ 1795, 181 BGB). Das kann zum Beispiel ein Handyvertrag mit langer Laufzeit sein, der eine hohe Zahlungsverpflichtung für das Kind bedeutet.

Neben der rechtlich bedeutsamen elterlichen Sorge für die bereits genannten Teilbereiche gibt es noch die sogenannte Alltagssorge. Darunter versteht man alle anderen Dinge des täglichen Lebens, die auch ein Elternteil allein entscheiden kann: was das Kind anzieht und isst, wie lange es fernsehen und am Computer spielen darf, wie das Kind seine Freizeit gestaltet, wo und wann es Nachhilfe bekommt oder wann ärztliche Kontrolluntersuchungen stattfinden.

Informationspflicht

Bist du getrennt, es findet regelmäßig Umgang statt und hat der andere Elternteil auch das Sorgerecht, musst du ihn nicht über jede Angelegenheit im Leben eures Kindes informieren, da er ja jederzeit beim Kind nachfragen kann. Dies gilt insbesondere für die Schule und Arzttermine. Diese Bereiche werden oft vom Kindesvater genutzt, um dich zu kontaktieren oder zu behaupten, dass du ihn nicht oder nicht vernünftig informierst.

Lehnt das Kind den Umgang ab oder findet dieser aus irgendwelchen Gründen nicht statt, hat der andere Elternteil trotzdem in nachvollziehbarer Weise den Wunsch, auch Informationen über sein Kind, seine Entwicklung etc. zu erhalten. Dann hast du als betreuender Elternteil sehr wohl eine Informationspflicht!

Das OLG Köln hatte kürzlich einen Fall zu entscheiden, bei dem der getrennt lebende Vater beantragt hatte, monatlich Fotos, einen Bericht zur schulischen und gesundheitlichen Entwicklung, zu sportlichen Aktivitäten sowie sozialen Kontakten von der Mutter zu erhalten. In der ersten Instanz wurden ihm alle drei Monate ein aktuelles Foto sowie halbjährlich das Zeugnis, Arztatteste und ein Bericht über die sportlichen Aktivitäten und sozialen Kontakte des Kindes zugesprochen. Dagegen hat die Mutter sich gewehrt, insbesondere, da der Vater ja selbst sorgeberechtigt sei und sich bei den Ärzten die entsprechenden Informationen selbst einholen könne. Das OLG Köln hat klargestellt, dass eine Auskunft nach § 1686 BGB nur dann verlangt werden kann, wenn ein berechtigtes Interesse vorliegt und der andere Elternteil keine zumutbaren Möglichkeiten hat, diese Informationen zu erhalten.

Schulische Informationen und Informationen über den Gesundheitszustand des Kindes können also über Dritte, wie Lehrer oder Arzt, eingeholt werden, ohne dass das Verhältnis zum Kind belastet werden muss. Informationen über sportliche und soziale Aktivitäten und gegebenenfalls Hobbys sollten hingegen an den anderen Elternteil kommuniziert werden, da er sonst nicht an diesen Teilbereichen des Lebens des Kindes teilhaben kann.

Bei heranwachsenden Kindern ist zu beachten, dass diese grundrechtsfähig sind und der Mitteilung von Daten widersprechen können, die sie selbst für sensibel halten, wenn diese auch objektiv sensibel sind. Dies kann zum Beispiel nach einem sexuellen Missbrauch vorliegen. Ansonsten sollten folgende Informationen von dir an den anderen Elternteil übermittelt werden:

- Halbjahreszeugnis/Info über den Stand der Ausbildung,
- aktuelles Passfoto/vergleichbares Foto (Oberkörper/Kopf frontal),
- Auflistung der erfolgten Arztbesuche unter Benennung der jeweiligen Ärzte inklusive Kontaktdaten und Angabe des Besuchsgrundes,
- ein zusammenhängender Bericht über die Freizeitaktivitäten des Kindes und gemachte Urlaube,
- ein zusammenhängender Bericht über sonstige relevante Umstände von erheblicher Bedeutung.

Auch wenn du jetzt lachst: Das OLG hat ausdrücklich klargestellt, dass Stichpunkte nicht ausreichen (OLG Köln, Az. 14 UF 42/23)!

Zum Glück ist es nicht in allen Fällen so strittig und stressig. Behält man einen normalen Kontakt bei, fließen die wichtigen Informationen fast von selbst, und wenn das Kind ein gutes Zeugnis bekommen hat, will es das natürlich auch zeigen und eine Belohnung erhaschen. Finden Umgänge regelmäßig statt und ist das Kind älter als drei Jahre, kann es auch erzählen, was es in der Zwischenzeit beim anderen Elternteil alles erlebt hat.

Wünschenswert wäre es, wenn dein Ex-Partner dich nach der Trennung mental unterstützt. Viele Frauen finden es hilfreich, sich auch danach noch mit dem Vater ihrer Kinder auszutauschen, wenn eine wichtige Entscheidung ansteht, weil es etwas Verantwortung von einem nimmt und man so nicht immer alles allein entscheiden muss.

Manchmal mischen sich Väter allerdings in jede Kleinigkeit ein, die das Kind betrifft, und das kann nerven. Oft geht es dabei gar nicht um das Kind, sondern nur darum, mit dir Kontakt zu haben oder dich zu sehen. Je nach persönlicher Veranlagung und verfügbarer Tagesfreizeit des Vaters kann das unendliche Ausmaße annehmen. Mit Grauen denke ich an einen intelligenten Kindesvater, der allerdings nur als Aushilfskellner auf Minijob-Basis tätig war und die wirklich engagierte Mutter eines coolen Sohnes mit endlosen Diskussionen über das Tragen einer „Klingelhose" mit drei Jahren, Nagellack für Nagelpilz und angeblichem Übergewicht nervte. Es brauchte diverse gerichtliche Verfahren und die Einschaltung mehrerer Beratungsstellen über viele Jahre, um einigermaßen für Ruhe zu sorgen.

Wenn du dich an die zuvor aufgeführten Punkte zur verpflichtenden Information des anderen Elternteils hältst, wird dir das vermutlich nicht passieren.

Sorgerechtsvollmacht

Selbst ein weit entfernter Wohnort ist kein Argument für die Übertragung der elterlichen Sorge auf einen Elternteil, da in Zeiten von E-Mail und Telefon Informationen schnell übermittelt werden können.

Möchte der andere Elternteil das Sorgerecht nicht mit ausüben, weil er sehr beschäftigt ist und dem betreuenden Elternteil rückhaltlos vertraut, kann entweder notariell eine Sorgerechtsvollmacht beurkundet werden, in der der betreuende Elternteil ermächtigt wird, sämtliche Angelegenheiten für das Kind zu entscheiden, oder man kann beim Gericht einen Antrag auf Übertragung der alleinigen elterlichen Sorge stellen, der mit der Zustimmungserklärung einfach und schnell durchgeht.

Kennt – meistens – der Vater sein Kind eigentlich gar nicht, weil er es lange nicht gesehen hat, weit weg wohnt und sich auch sonst nicht für seine Belange interessiert, besteht aber auf sein Sorgerecht, um dich zu ärgern, könnte ebenfalls ein Antrag auf Übertragung der alleinigen elterlichen Sorge beim Gericht geboten sein.

Bekommt man das alleinige Sorgerecht vom Gericht nicht zugesprochen, ist das Ergebnis oft eine Sorgerechtsvollmacht, die die Kindesmutter dann überall vorlegen kann und somit autark in der Vertretung des Kindes ist. Mit so einer Sorgerechtsvollmacht kannst du dann die Angelegenheiten deines Kindes, wie z. B. die Anmeldung im Kindergarten oder an einer Schule, medizinische Behandlungen, die nicht zwingend indiziert sind (z. B. Segelohren anlegen lassen) oder behördliche Angelegenheiten deines Kindes regeln, ohne jedes Mal die Zustimmung des anderen einzuholen.

Die elterliche Sorge ist ein starkes Recht, das man nicht mal eben jemandem so wegnehmen kann, sondern dafür müssen hohe Hürden genommen werden. Die Sorgerechtsvollmacht ist aber eine gute Alternative.

Neulich war ich beim Oberlandesgericht. Eine Mutter, die nicht mit dem Vater verheiratet war, hatte das alleinige Sorgerecht beantragt und vom Amtsgericht zugesprochen bekommen, weil der Vater des Kindes seit rund einem Jahr irgendwo in Afrika weilte, sie keine Adresse von ihm hatte, er telefonisch nicht zu erreichen war und sie das Kind jetzt im Kindergarten anmelden wollte. Es kam wie immer: Kaum war der Beschluss zugestellt, legte der Vater Beschwerde ein und wollte sein Sorgerecht verteidigen.

Das ist psychologisch übrigens ganz interessant und auch du wirst es vielleicht schon beobachtet haben: Sobald man jemandem ein Recht – wie zum Beispiel das Sorgerecht – wegnehmen möchte, ist es plötzlich total interessant, auch wenn man vorher nichts damit zu tun haben wollte und sich kaum für das Kind interessiert hat.

Die Gerichte machen das sehr schlau: Natürlich erkennen sie oft das Problem, dass die Mutter eines Kindes handlungsfähig sein möchte und muss. Da die Übertragung des Sorgerechts allein auf die Mutter aber nicht nur rechtlich schwierig ist, sondern aus den bereits dargestellten Gründen die Väter sofort in Alarmbereitschaft versetzt, wird in den mündlichen Verhandlungen betont, dass der Vater sein Sorgerecht natürlich in vollem Umfang behält, wodurch er sich schon mal als Sieger und Held fühlt, weil er ja genauso viel Sorgerecht hat wie die Mutter. Des Weiteren betonen die klugen Vorsitzenden, dass die Sorgerechtsvollmacht vom Vater widerrufen werden kann. Was ja auch toll ist und so klingt, als wäre sie ungefährlich. Faktisch sind dann alle zufrieden und das Problem ist gelöst.

Bis auf ein einziges Mal habe ich nie erlebt, dass eine solche Vollmacht widerrufen wurde, und das geschah nur aus abgrundtiefer Bosheit. In unserem Beispiel übersandte der Kindesvater aus Afrika für die Kindergartenanmeldung eine Sorgerechtsvollmacht und wollte zum Gerichtstermin bereits im Herbst kommen, war aber plötzlich wieder erkrankt.

Grundsätzlich ist eine Sorgerechtsvollmacht natürlich hilfreich. Das Problem dabei ist, dass sie von Dritten auch wirklich akzeptiert werden muss. Was grundsätzlich gut funktioniert, aber insbesondere bei ärztlichen Behandlungen fraglich ist.

Trotzdem kann man sich nicht immer nur mit der Sorgerechtsvollmacht herausreden, da das Sorgerecht nicht nur aus dem einmaligen Unterschreiben einer Vollmacht besteht, sondern aus viel mehr. Die Rechtsprechung hat folgende Kriterien entwickelt:

- Akzeptanz der Sorgerechtsvollmacht durch Dritte
- Kooperationsfähigkeit beider Elternteile über das Erteilen der Vollmacht hinaus
- Kooperationsbereitschaft des Ehepartners

Die bloße Tatsache, dass sich ein Elternteil im Ausland befindet, reicht nicht aus, um das Sorgerecht zu übertragen. Besteht jedoch seit Längerem kein Kontakt mehr zwischen den Eltern und ist der andere Elternteil weder persönlich noch über Fernkommunikationsmittel erreichbar, so kann trotz Vollmacht an die Übertragung der alleinigen elterlichen Sorge gedacht werden (OLG Hamm, Az. II WF 31/22).

Der Senat hat sich nach reiflicher Überlegung in unserem Fall dafür entschieden, das alleinige Sorgerecht der Mutter zu übertragen. Denn wenn über ein Jahr kein Kontakt zu Mutter und Kind besteht, liegt auch keine ernstliche gemeinsame Sorgerechtsausübung vor. Die Richter führten klug aus, dass das Sorgerecht für ein Kind auszuüben mehr bedeute, als nur ab und an irgendwas zu unterschreiben, obwohl man das Kind, für das man entscheiden möchte, überhaupt nicht kenne. Das ist eher Machtdemonstration als Teilhabe am Leben des Kindes. Also eine tolle Entscheidung.

Wichtig:
Solltest du Probleme haben, die wichtigen Dinge für euer Kind mit deinem Ex-Partner zu klären, und musst regelmäßig dem anderen Elternteil hinterherlaufen, weil dieser nicht greifbar ist und nicht im Sinne des Kindes handeln möchte, kannst du die alleinige elterliche Sorge beantragen. Auch wenn du sie mit hoher Wahrscheinlichkeit nicht allein zugesprochen bekommst (weil besonders schwierig), so ist dennoch die daraus resultierende Sorgerechtsvollmacht eine Lösung.

Was du bestimmen darfst

Zum Glück gibt es im täglichen Leben viele Dinge, die du allein bestimmen kannst, wenn das Kind bei dir lebt: was es isst und anzieht, wann Schlafenszeit ist oder es zur Oma geht. Auch kannst du mit deinem Kind in Europa Urlaub machen und musst ganz bestimmt nicht vorher um „Erlaubnis" fragen, wenn ihr eine Woche nach Holland oder Spanien fahren wollt. Sollte dein Ex-Partner das behaupten – was oft genug vorkommt –, glaub ihm bitte nicht! Das gilt übrigens auch für die klassischen Urlaubsländer wie die USA, Dubai oder Bali (streitig) – lass dir nichts anderes erzählen.

Manchmal möchte ein klassisches Urlaubsland wie die Türkei allerdings, dass du eine Reisevollmacht hast, aber das ist eine Ausnahme.

Profi-Tipp:
Falls du für deinen Urlaub eine solche Vollmacht benötigst, gibt es z. B. beim ADAC entsprechende Vordrucke im Internet.

Auch darfst du allein bestimmen, wo euer Kind seine Freizeit verbringt (und mit wem!), ob es zum Turnen oder Schwimmen angemeldet wird oder Klavierspielen oder Schlagzeug lernen soll, wobei eine einvernehmliche Lösung unter dem Aspekt einer etwaigen Kostenbeteiligung immer sinnvoll ist und dem Kind guttut, weil abgesprochen und vom elterlichen Frieden gedeckt.

Gewalt und gemeinsames Sorgerecht

Gewalt in und/oder nach der Ehe ist ein wichtiges Thema: Liegen vom Kindesvater verübte häusliche Gewalt, Bedrohung und Nachstellungen vor, kann es im Einzelfall geboten sein, ein gemeinsames Sorgerecht für das Kind auf die Mutter allein zu übertragen. Dieses Thema überhaupt mal auszusprechen ist für die Betroffenen meist schwierig, aber im Hinblick auf deine Zukunft immens wichtig. Auch dein Anwalt muss das unbedingt wissen, um dich optimal beraten zu können, weil allein aufgrund erlebter Gewalt mit bestimmten Schwierigkeiten bei der gemeinsamen Ausübung von Sorgerecht zu rechnen ist.

Das OLG Frankfurt hat in einer hoffentlich richtungsweisenden Ausnahme-Entscheidung klar festgestellt, dass die von einem Kind miterlebte Gewalt als besondere Form von Kindesmisshandlung zu bewerten ist und eine Sorgerechtsübertragung allein auf die Mutter geboten sein kann.

In dem zugrunde liegenden Fall gab es auch nach der Trennung ein Näherungs- und Kontaktverbot und einen begleiteten Umgang, den die Eltern einvernehmlich vereinbart hatten. Der Kindesvater lehnte dann aber die Zusammenarbeit mit dem Träger der Umgangsbegleitung ab, und die Mutter gewährte dem Vater freiwillig den Umgang mit den Kindern, der in ihrer Wohnung stattfand. Im Rahmen eines solchen Aufenthalts stellte die Mutter einen erneuten Gewaltschutzantrag, da der Mann sie in ihrer Wohnung in das Kinderzimmer schubste, dort schlug, zu Boden warf und ihr in Anwesenheit der Kinder drohte, dass er sie umbringe. Beide Kinder erlebten die Gewalt mit, wobei eines schrie und das andere aus der Wohnung rannte, um Hilfe zu holen.

Im Rahmen des darauffolgenden Sorgerechtsverfahrens räumte der Mann die Gewalt teilweise ein. Das Gericht stellte fest, dass der Vater sehr impulsiv auftrete und sich schlecht regulieren könne. Wie so häufig konnten sachliche Argumente von diesem nicht wirklich nachvollzogen werden, sondern der Kindesmutter wurde die alleinige Schuld zugewiesen, ohne Überlegungen anzustellen, inwieweit das Verhalten des Vaters für die Situation mit ursächlich sein könnte.

Unter Hinweis auf Artikel 31 der Istanbul-Konvention wurde das Sorgerecht in diesem Fall allein auf die Kindesmutter übertragen. Ausschlaggebend war unter anderem, dass die fünf und neun Jahre alten Kinder sich im Rahmen ihrer Anhörung eindeutig für die Mutter ausgesprochen hatten. Dies galt auch trotz der Behauptung des Vaters, die Kinder seien von der Mutter beeinflusst worden (OLG Frankfurt, Az. 6 UF 144/24).

Diese Entscheidung ist richtig und großartig: Auch nach Gewaltanwendung in der Beziehung ist der betreuende Elternteil schon alleine durch den zwangsweisen Kontakt, zum Beispiel bei der Übergabe zum Umgang, maximal gestresst. Das merkt natürlich auch das Kind! Es gibt Gerichte, die ein solches verändertes Verhalten des betreuenden Elternteils bereits als Kindeswohlgefährdung einstufen.

Trage also in etwaigen Verfahren um das Kind unbedingt alles vor, was dir auch in der Beziehung schon passiert ist, denn für das so häufig gewünschte Wechselmodell (zeitlich gleiche Betreuung des Kindes durch beide Elternteile) braucht es Vertrauen zwischen den Eltern. Psychologisch gesehen dürfte klar auf der Hand liegen, dass solches nach Gewaltanwendung nicht mehr vorliegen kann, auch weil ein Elternteil, der Gewalt erlitten hat, bei etwaigen Kontakten mit dem anderen Elternteil angespannt ist. Das muss nicht zwingend verbal geäußert werden, wird aber vom Kind auf jeden Fall als emotionaler Stress der Mutter wahrgenommen.

Wann der Ex-Partner Kindesunterhalt zahlen muss

Grundlagen

Eltern sind ihren Kindern nach dem Gesetz zum Unterhalt verpflichtet. Sind die Kinder noch klein, also minderjährig im Sinne des Gesetzes und haben keine eigene Lebensstellung begründet, versteht sich das wohl von allein. Gleiches gilt, wenn sie noch keine Ausbildung beendet haben und nicht in der Lage sind, ihren Lebensunterhalt selbst sicherzustellen. Man wollte sie schließlich haben und hat sie – laienhaft gedacht – natürlich auch so gern, dass man ihnen nur das Beste zukommen lassen möchte oder zumindest so viel, dass es für ein würdiges Leben reicht.

Mitnichten! Manchmal wundere ich mich über die vielen Paragrafen zu diesem Unterhaltstatbestand und die zahlreichen Gerichtsverfahren, die sich um diesen Anspruch ranken. Lebt man als Familie zusammen, geht es meist noch, nach der Trennung werden Kinder aber nicht selten als dem „feindlichen Lager“ zugehörig empfunden. Dann wird versucht, sich möglichst der Zahlpflicht zu entziehen.

Der Kindesunterhalt für minderjährige Kinder richtet sich in Deutschland nach der Höhe der bereinigten Einkünfte des zur Zahlung verpflichteten Elternteils, der nicht mit dem Kind zusammenlebt. Bei einem im angestellten Arbeitsverhältnis tätigen Zahlungsschuldner wird ein Zeitraum von zwölf Monaten beleuchtet und sämtliche Einkünfte werden ermittelt. Sämtliche Einkünfte sind nicht nur die Einkünfte aus dem Arbeitsverhältnis, sondern auch die Steuererstattung, Zins- und Kapitaleinkünfte, Mieteinkünfte und sonstige Einkünfte aus den Einkommensarten des Steuergesetzbuches. Hinzugerechnet werden ferner Vorteile aus mietfreiem Wohnen in einer eigenen Immobilie, ein Dienstwagenvorteil (sofern dieser vorhanden ist), Prämien- und Provisionszahlungen des Arbeitgebers und einige mehr.

Arbeitet der zur Zahlung verpflichtete Elternteil auf selbstständiger Basis, wird ein Einkommenszeitraum von drei bis fünf Jahren untersucht, da Einkünfte aus Selbstständigkeit gewissen Konjunkturschwankungen unterliegen und daher ein längerer Auskunftszeitraum aussagekräftiger ist.

Ausnahme der Unterhaltszahlung

Mittlerweile gibt es viele Mütter, die nicht nur gut, sondern mehr verdienen als der Ehemann. Das führt aber nicht zum automatischen Entfall der Zahlpflicht der Väter. Nur in Ausnahmefällen kann es zu einer anderen Wertung kommen.

Verdient der betreuende Elternteil etwa dreimal so viel wie der andere, so *kann* er allein unterhaltspflichtig sein (BGH in FamRZ 2013, 1558). Dabei werden allerdings die konkreten Umstände des Einzelfalls berücksichtigt. Verdient der betreuende Elternteil etwa dreimal so viel wie der andere, ist es keinesfalls so, dass damit automatisch die Zahlpflicht des getrennt lebenden Elternteils für das Kind erlischt, auch wenn es die Hoffnung vieler Väter mit gut verdienenden Ex-Partnerinnen ist.

Wie du den Kindesunterhalt korrekt einforderst

Checkliste für Einkommensarten

Nicht selten gibt es Streit darüber, aus welchem Einkommen Kindesunterhalt zu zahlen ist. So möchten Angestellte oft nur ihr Gehalt zugrunde legen, nicht aber den Nebenjob oder die Zinseinkünfte aus dem Depot oder die Mieteinnahmen aus der geerbten Wohnung. Grundsätzlich sind alle Einkommensarten zugrunde zu legen, die auch in der Ehe für den Unterhalt der Familie zur Verfügung standen. Damit du auf der sicheren Seite bist, kannst du anhand folgender Liste überprüfen, was bei deinem Ex-Partner angerechnet werden muss:

- Arbeitseinkommen
- Vorteile aus der unentgeltlichen Nutzung eines Dienstwagens (ggf. bereinigt um angerechnete Beteiligung und steuerliche Berücksichtigung)
- Arbeitslosengeld als Ersatz für Arbeitseinkommen
- Abfindungen für den Verlust des Arbeitsplatzes
- Sozialleistungen wie Krankengeld, Elterngeld, BAföG, Pflegegeld
- Renten
- Einkommen aus Vermietung und Verpachtung
- Zins- und Kapitaleinkünfte
- Unterhalt, den der Verpflichtete selbst in bar erhält

- Abschreibungen
- Prämienzahlungen und Provisionen
- Unentgeltliches Wohnen in einer eigenen Immobilie
- Urlaubs- und Weihnachtsgeld
- Berufsbedingte Zulagen wie Schlechtwettergeld
- Zusätzliche Zahlungen im öffentlichen Dienst (z. B. Familienzuschlag)
- Überstundenvergütung
- Spesen
- unentgeltliche Haushaltsführung durch einen Dritten (z. B. neue Freundin) oder das Zusammenleben mit einer Person, die eigenes Geld verdient

Von diesen zusammengerechneten Einkünften werden zur Ermittlung des maßgeblichen Nettoeinkommens die abzugsfähigen Positionen abgezogen, damit das für den Unterhalt zugrunde liegende Einkommen realistisch um die vorhandenen Belastungen bereinigt ist.

Typische Abzugspositionen

Hat man das Einkommen ermittelt, kann man es dennoch nicht sofort zur Ermittlung heranziehen, sondern muss es erst „bereinigen". Damit ist der Abzug der typischen Positionen gemeint, die man nach der Rechtsprechung abziehen darf, weil sie nicht wirklich zur Verfügung stehen.

Am deutlichsten wird es bei Positionen wie Fahrtkosten zur Arbeit: Wenn man nicht zur Arbeit fahren kann, kann man auch kein Gehalt verdienen und dann keinen Unterhalt zahlen. Also bedingen die Fahrtkosten, die durchaus hoch sein können, seine Möglichkeiten, Geld zu verdienen. Auch hat man als Eheleute Verbindlichkeiten zusammen begründet, die vertraglich gesichert wurden, und dann kann man nach der Trennung nicht sagen, dass man die jetzt nicht mehr möchte, wie zum Beispiel einen Immobilien- oder Autokredit. Vertrag ist Vertrag. Den jeweiligen Vertragspartnern dieser Verbindlichkeiten ist es nämlich völlig egal, ob du das jetzt noch willst oder nicht, oder ob ihr euch getrennt habt. Die typischen Abzugspositionen sind:

- Krankenversicherung und Pflege-, Renten- und Arbeitslosenversicherung
- Fahrtkosten zur Arbeit (in Höhe von aktuell 0,42 € pro km bis zum 30. km, danach Reduzierung auf 0,28 € pro km oder der Pkw-Kredit/die Leasingrate)
- Konsumkredite aus der Ehezeit (z. B. Schrankwand)
- Altersvorsorgeaufwendungen (bis 4 % des Jahresbruttoeinkommens zusätzlich möglich)
- Immobilienkredite
- Kredite für berufliche Ausbildung (z. B. Meister-BAföG)
- Berufsbedingte Verbindlichkeiten (z. B. Fortbildungskosten)
- trennungsbedingter Mehrbedarf (Einrichtungskosten für die eigene Wohnung nach Trennung, sofern angemessen)
- Unterhaltspflichten aus vorangegangenen Beziehungen
- Gewerkschaftsbeiträge
- Pflichtbeiträge an berufsständische Verbände
- Berufsunfähigkeitsversicherung
- Arbeitskleidung/Arbeitsmittel
- Steuervorauszahlungen
- Parkplatzkosten am Arbeitsplatz, wenn erforderlich (z. B. beim Arzt im Krankenhaus)

Hat man das maßgebliche monatliche Einkommen ermittelt, ergibt sich der zu zahlende Betrag für den Kindesunterhalt aus der sogenannten Düsseldorfer Tabelle. Dabei handelt es sich um eine Unterhaltsleitlinie der Oberlandesgerichte (federführend Düsseldorf), die die jeweils geltenden Unterhaltssätze für minderjährige Kinder in verschiedenen Altersstufen und bestimmten Einkommensgruppen festlegt. Dort sind die Zahlen für einen Unterhaltspflichtigen mit zwei Unterhaltsberechtigten ausgelegt.

Die Düsseldorfer Tabelle unterscheidet zwischen Tabellen- und Zahlbeträgen. Erhältst du das Kindergeld für dein Kind, reduziert sich der zu zahlende Unterhaltsbetrag aus der Tabelle um die Hälfte des Kindergeldes, damit der andere Elternteil auch daran beteiligt ist. Bitte also sorgsam schauen, bevor ihr als Eltern einen zu hohen Unterhalt einfordert. Am besten ihr fragt das Jugendamt oder euren Anwalt.

Profi-Tipp:

Zu den Einkünften auf Seiten des zahlungsverpflichteten Elternteils zählt nach Ziffer 21.5 Absatz 5 der Hammer Leitlinien (Leitlinien des OLG Hamm zur Düsseldorfer Tabelle entwickelt) auch eine Ersparnis durch das Zusammenleben mit einem neuen Partner. Allein durch den Synergieeffekt wird eine Ersparnis von 10 % des Selbstbehaltes (in 2025: 1.450 Euro) den Einkünften des Unterhaltsverpflichteten zugeschlagen, also 145 Euro monatlich.

Der Gedanke ist ja auch gut nachvollziehbar: Wenn zwei Menschen zusammenwohnen und nur einmal Strom, Miete, Heizung, Telefon etc. zahlen, tritt allein schon durch das gemeinsame Wirtschaften eine Ersparnis ein. Aber dazu gibt es regionale Unterschiede: Nicht alle Oberlandesgerichte in Deutschland erkennen diesen Ersparnisfaktor an!

Ansonsten kannst du dich bei minderjährigen Kindern an das Jugendamt wenden und eine Beistandschaft für das Kind beantragen. Das Jugendamt unterstützt dich dann bei der Berechnung und Geltendmachung des Kindesunterhaltes. Das

kann aber lange dauern, sodass der Weg zum Anwalt die bessere Option ist.
Hast du dich einmal für eine Beistandschaft des Jugendamtes entschieden, gehen zunächst alle Rechte auf das Jugendamt über. Dann kannst du nicht zusätzlich noch einen Anwalt beauftragen, sondern musst die Beistandschaft zuerst beenden.

Wie du klassische Irrtümer vermeidest

Eine bestimmte Fraktion der Unterhaltsschuldner denkt, dass Kinder eigentlich gar nichts kosten und der betreuende Elternteil schließlich das Kindergeld erhält, was ja reichen müsste. Die einzig denkbare Ausrede für diese Fehlannahme ist, dass diese Kategorie Väter nicht viel mit den Kindern zu tun hatte und noch nie mit einem Grundschulkind beim Schuhekaufen war. Durch diese fehlende Erfahrung liegt möglicherweise ein Wissensdefizit bei ihnen vor.

Diese Väter können sich nicht vorstellen, dass die Grausamkeit des Lebens selbst kleine Menschen mit unendlichem Leid und sozialer Ausgrenzung belegen kann, wenn man als einziges Kind in der Schule nicht die Turnschuhe der „richtigen" Marke trägt, die unter 120 Euro allerdings nicht zu haben sind. Mit der Folge, dass ein Großteil des Kindergeldes schon innerhalb weniger Minuten durchgebracht ist, obwohl noch viele Tage des Monats übrig sind und ein Kind nicht nur wohnen und essen muss, sondern auch noch eine Winterjacke, zwei Mützen, ein Fußballtrikot und fünfzig andere Dinge braucht, zumal Kinder die hinterhältige Eigenschaft haben, unkontrolliert und heimtückisch schnell zu wachsen.

Die andere Kategorie Väter ist durch die Trennung selbst so traumatisiert, dass sie der Fehlannahme unterliegt, das Geld käme nie wirklich beim Kind an, sondern würde vom betreuenden Elternteil (die gefühlt böse Kindesmutter) selbstsüchtig und eigennützig für sich unterschlagen und in Zigaretten, Acrylnägel oder Klamotten investiert werden. Diesen egoistischen Ex-Partner möchte man auf gar keinen Fall finanziell durch Unterhaltszahlungen unterstützen. Weil man selbst ja so sehr leidet.

Alternativ feiern manche Unterhaltsschuldner das wunderbare deutsche Sozialsystem und möchten ihr Geld lieber für sich behalten, da der Staat ja nicht umsonst öffentliche Leistungen in Form von Unterhaltsvorschussleistungen anbietet, sodass die Notwendigkeit von eigenen Unterhaltszahlungen nicht besteht.

Die gesetzliche Grundlage findet sich in § 1601 BGB, wonach Verwandte in gerader Linie verpflichtet sind, einander Unterhalt zu gewähren. Also die Eltern den Kindern, aber auch die Großeltern den Kindern, wenn die Ebene der Eltern zahlungsunfähig oder -unwillig ist, was gelegentlich vorkommt, aber schwierig durchzusetzen ist, weil auch die Generation der Großeltern oft schon durch die Aufzucht ihrer eigenen Kinder beansprucht war und meist nicht unbegrenzte finanzielle Ressourcen zur Verfügung hat.

Ferner ist nach § 1602 BGB nur unterhaltsbedürftig, wer sich nicht selbst unterhalten kann. Dieser Punkt ist eher unproblematisch, da Kinder dies bis zum Abschluss einer Ausbildung nicht können und Kinder nicht verpflichtet sind, ihr eigenes Vermögen, falls vorhanden, für ihren Unterhalt auszugeben. (Volljährige Kinder dagegen schon.)

Das Gesetz setzt ferner voraus, dass der Unterhaltsverpflichtete selbst leistungsfähig sein muss, doch spätestens bei dieser Voraussetzung treffen Welten aufeinander:

Der absolute Selbstbehalt für einen arbeitenden Menschen beträgt aktuell 1.450 Euro monatlich. Dieser Betrag ergibt sich aus den Leitlinien der Oberlandesgerichte und wird aus den Einkünften der letzten zwölf Monate ermittelt. Leider führt dies manchmal dazu, dass ein Unterhaltsschuldner durchaus gute Monate haben kann, wenn er viele Nachtschichten hatte und in diesen Monaten höhere Bezüge oder Zulagen erhalten hat, aber es kann auch knappe Monate geben, wo es eng wird und die man nur durch äußerst durchdachtes Wirtschaften und Bildung von Mini-Ressourcen in den Griff bekommen kann.

Geht ein Unterhaltsverpflichteter nicht arbeiten, müssen ihm monatlich nur 1.200 Euro verbleiben. Den Rest muss er für Kindesunterhalt einsetzen.

Auch führt die Vielzahl von Verpflichtungen eines Erwachsenenlebens in Form eines Cabrios, eines Lebensversicherungsvertrages, einer Zahnzusatzversicherung, eines Ratenkredits für das neue Sofa, eines Baukredits für das Reihenhaus und Versicherungen, Leasingverträge für zwei Autos nebst Musikschule und Sportverein für zwei Erwachsene und zwei Kinder auch schon bei Gutverdienenden dazu, dass die Ressourcen begrenzt werden – und das macht nicht selten Angst. Gerade in einer Situation, wo sich ohnehin das eigene Leben unfassbar verändert hat und man selbst dem Wahnsinn oder der Verzweiflung des Verlassenen oder beidem nahe ist.

Lass dir also nicht einreden, dass der Unterhalt jeden Monat abhängig davon gezahlt wird, wie viel der Arbeitgeber überwiesen hat, sondern der einmal festgelegte Betrag ist fix, sofern keine nachhaltige Änderung über einen Zeitraum von mehreren Monaten (wie z. B. Kurzarbeit) vorliegt. Selbst dann kann nicht einfach weniger gezahlt werden, sondern der bestehende Titel muss abgeändert werden. Das kann einvernehmlich geschehen, weil du den Grund kennst und bejahen kannst und freiwillig auf einen Teil der Rechte aus dem Titel für dein Kind verzichtest. Stimmst du nicht freiwillig zu, muss der Ex-Partner zum Gericht gehen und es davon überzeugen, dass er nur noch eine geringere Summe zahlen kann.

Allerdings hat auch jeder Mensch eigene Vorstellungen von seinem Leben und was er dafür zwingend benötigt. So gibt es Fälle, bei denen ein Unterhaltsverpflichteter nicht nur viel arbeitet und viel verdient, sondern auch der Auffassung ist, dass die Tour nach Alaska oder die Reise auf die Malediven mit den Jungs aus der eigenen Erwachsenen-Peer-Group, das Cabrio für den Sommer, die VIP-Karte für Borussia und manches mehr für die Intaktheit des eigenen Lebens und Wohlbefindens zwingend erforderlich ist und man bei all diesen wichtigen Punkten auf keinen Fall Abstriche machen kann, da man ja schließlich hart arbeitet. Das führt dazu, dass die Priorisierung der Unterhaltsverpflichtung gegenüber dem eigenen Nachwuchs manchmal anders gesehen wird.

So gesehen bei einem Kindesvater, der trotz eigener Immobilie und gutem Einkommen seiner Tochter die finanzielle Anfrage für einen Zuschuss in Höhe von 50 Euro zum Abiturkleid abgelehnt hat, aber als Zweitwagen einen Ferrari unterhält, obwohl er meist mit dem Fahrrad zur Arbeitsstelle fährt, weil er darüber hinaus noch politisch ein Vorbild sein möchte und sich natürlich ökologisch wertvoll und nachhaltig verhält. Bravo.

Auf jeden Fall sind die gefühlte eigene Leistungsfähigkeit und der Bedarf eines Kindes sehr subjektive Angelegenheiten, die unsere Gerichte zahlreich beschäftigen. Gesteigert wird dies durch diverse hauchfeine Abweichungen und Lebenssachverhalte, die es zusätzlich im Leben eines Kindes zu beachten gilt. Einige davon habe ich für dich zusammengefasst.

Wie du mit Sonderkosten (Brille, Zahnspange & Co.) umgehen kannst

Grundsätzlich ist der Unterhalt fürs Kind prima aus der Düsseldorfer Tabelle zu entnehmen: Dort ist nach Einkommens- und Altersstufen der Kinder zu erkennen, wie viel Grundunterhalt dem Kind vom barunterhaltspflichtigen Elternteil (also demjenigen, der das Kind nach der Trennung nicht hauptsächlich betreut) zusteht.

Ist im Einzelfall Unterhalt nach der ersten oder zweiten Stufe geschuldet, wird schnell deutlich, dass man davon nicht alles, was ein Kind so braucht, gut kaufen kann, sondern die Beträge nur den Grundbedarf abdecken. Bei z. B. einem monatlichen Unterhaltsbetrag in Höhe von 429 Euro für ein elfjähriges Kind muss der Kauf der heißbegehrten adidas Ultraboost Sneaker für 160 Euro, ohne die das Kind glaubt, sozial geächtet zu werden, gut überlegt werden, weil das Kind ja auch noch den ganzen Monat essen und wohnen muss.

Neben solchen Luxuswünschen gibt es allerdings noch weiteren Bedarf, den die Eltern unregelmäßig zu tragen haben: die Kommunionsfeier oder Konfirmationskleidung, Zahnspangen, Sportbrillen, Klassenfahrten oder neue Fußballschuhe nebst Trikots, da das Kind mittlerweile so gut spielt oder den Sportverein gewechselt hat.

Merke:
Die Rechtsprechung unterscheidet nach MEHRbedarf und SONDERbedarf.

Mehrbedarf liegt vor, wenn bestimmte Kosten regelmäßig während eines längeren Zeitraumes anfallen, kalkulierbar sind und die Bedarfssätze nach der Unterhaltstabelle dermaßen übersteigen, dass sie dort nicht erfasst sind. Kurz: Es sind Mehrausgaben, die zum Lebensbedarf des Kindes gehören. Dabei handelt es sich dabei etwa um …

- Kindergartengebühren (BGH XII, Az. ZR 65/07)
- Beiträge zur privaten Krankenversicherung (OLG Koblenz, Az. 11 UF 519/08)
- Studiengebühren (OLG Koblenz, Az. 11 UF 519/08)
- Nachhilfekosten bei einer Lernschwäche (BGH-Urteil vom 10.07.2013, Az. XII ZB 298/12)
- nach Auffassung mancher Gerichte auch Kosten des Reitunterrichts (OLG Frankfurt, Az. 6 UF 323/13)

Gleiches gilt für den regelmäßigen Bedarf des Kindes, den man als Eltern gemeinsam begründet hat: die Trainerstunden beim Golf oder der teure Gesangsunterricht an der Musikakademie in Basel, da beim Kind eine besondere Begabung vorliegt. Dabei ist zu beachten, dass jeder Fall minimal unterschiedlich sein und anders beurteilt werden kann. So ist die mittlerweile einhellige Meinung bei Richtern, dass die „normalen" Semestergebühren keinen Mehrbedarf darstellen, sondern aus dem Unterhalt bezahlt werden müssen. Da muss man fein unterscheiden, was du jetzt aber kannst.

Sonderbedarf im Sinne des § 1613 Abs. 2 BGB ist ein überraschender, unregelmäßiger und außergewöhnlich hoher Bedarf, mit dem man nicht rechnen konnte und der nicht vorhersehbar war. Dieser Sonderbedarf ist daher nicht im Grundunterhalt enthalten und rechtfertigt eine weitere, zusätzlich zum Tabellenunterhalt geschuldete Unterhaltsleistung. Darunter fallen zum Beispiel:

- unvorhersehbare Arzt- oder Arzneikosten, die von der Krankenkasse nicht voll erstattet werden
- die Kosten eines Lerncomputers (OLG Hamm, Az. 11 UF 24/09)
- die Sportbrille für den Sportunterricht
- oder ganz klassisch: die Zahnspange

Grundsätzlich muss der betreuende Elternteil beachten, dass er nicht wahllos ohne Absprache Behandlungen auswählen und sich ohne Berücksichtigung der tatsächlichen Verhältnisse für die teuerste kieferorthopädische Behandlung entscheiden kann, obwohl dies den finanziellen Verhältnissen der Familie nicht angemessen ist.

Neben einer (hoffentlich) selbstverständlichen Absprache muss man die Kostenrelation im Auge behalten und möglichst versuchen, kostengünstig dem finanziellen Budget der Familie entsprechend zu entscheiden. Sonst kann es einem nicht nur passieren, dass man den Großteil der Kosten selbst tragen muss, sondern vom Richter auch noch gesagt bekommt, dass das Kind so hässlich sei, da könne es auch eine Zahnspange mit Kopfbügel tragen, das würde nicht wirklich etwas ausmachen. (Zum Glück ist der Richter bereits pensioniert, aber genau das hat er gesagt!)

Erhält man Unterhalt nach den hohen Einkommensstufen der Düsseldorfer Tabelle, ist man verpflichtet, Rückstellungen aus dem laufenden Unterhalt zu bilden, damit man den zahlungsverpflichteten Elternteil nicht zusätzlich unangemessen mit weiteren Ausgaben belastet. Dies können beispielsweise Rückstellungen für Klassenfahrten sein, die regelmäßig in bestimmten Schuljahren oder am Ende der Grundschule vorhersehbar anfallen. Bei Kommunions- oder Konfirmationskosten ist das von der Rechtsprechung nicht klar entschieden, sodass ein Rechtsstreit darüber mit Vorsicht angezettelt werden sollte.

Liegt also Sonder- oder Mehrbedarf vor, müssen beide Elternteile diesen Bedarf anteilig nach ihren Einkommensverhältnissen tragen (BGH XII, Az. ZB 298/12).

Beachte:
Mehrbedarf gibt es nur ab Geltendmachung; Sonderbedarf kann ein Jahr rückwirkend geltend gemacht werden. Mit dieser Richtschnur sollte es für dich etwas klarer sein.

Wie lange du Kindesunterhalt erhältst

Bis zum Erreichen der Volljährigkeit geht das Gesetz bislang davon aus, dass ein Elternteil das Kind überwiegend betreut, es in seinem Haushalt wohnt und der andere Elternteil das Kind nur bei den Umgängen sieht. Das hat zur Folge, dass der zahlende Elternteil mit der konkreten alltäglichen Betreuung einschließlich Hausaufgaben, Terminen beim Ohrenarzt und Kieferorthopäden und sonstigen sportlichen und sozialen Verpflichtungen wie das Bringen des Kindes zum Training in den Sportverein oder zu Kindergeburtstagen eher weniger am Hut hat. Daher stammt die gesetzliche Wertung, dass der betreuende Elternteil das Kind umfassend betreut und der andere bis zum Erreichen des 18. Lebensjahres ausschließlich den sogenannten Barunterhalt leistet, also zahlt.

Dabei werden – zumindest vom Gesetz – beide Leistungen der Elternteile als völlig gleichwertig angesehen: die Unterhaltspflicht des Zahlenden und die Betreuungsleistung des betreuenden Elternteils, wobei das in der Realität eher weniger so ist. Da fühlt sich der Zahlende oft völlig unrechtmäßig ausgenommen und nimmt an, dass die komplette Kinderbetreuung auch mit durchwachten Nächten wegen Zahnschmerzen, Vokabeln abfragen, endlosen Diskussionen wegen einer Taschengelderhöhung oder das mehrfache nächtliche Abziehen des Bettes bei Magen-Darm-Erkrankungen einschließlich emphatischer Trostdienstleistungen am Kind immer nur ein Vergnügen ist und eigentlich nicht der Rede wert, geschweige denn gleichwertig.

Unterhalt bei volljährigen Kindern

Ist das Kind 18 Jahre alt, endet in der Regel diese alleinige Zahlpflicht und es finden größere Veränderungen statt: Das Kind erhält sein Kindergeld selbst!

Kindergeld ist die Belohnung des Staates an Eltern, dass man sich freiwillig und selbstlos der Erziehung seiner Kinder hingibt. Ist ein Kind volljährig, so geht das Gesetz davon aus, dass es in den überwiegenden Teilen seiner Persönlichkeit bereits fertig erzogen ist und nicht mehr in so großem Umfang der pädagogisch-erzieherischen Unterstützung der Eltern bedarf. Deswegen wird ab dem 18. Geburtstag das Kindergeld als Einkommen bedarfsdeckend angerechnet.

Der 18. Geburtstag ist also nicht nur ein Freudenfest für alle Kinder, die davon ausgehen, endlich den Sirenen der Versuchung nachgeben zu können, sondern auch für alle zur Zahlung von Kindesunterhalt verpflichteten getrennt lebenden Eltern, weil es ab diesem Tag allein durch die Anrechnung des Kindergeldes zur Reduzierung des zu zahlenden Unterhaltes kommt. Da es aus Unwissenheit oder Bequemlichkeit des zahlenden Elternteils dazu kommen kann, dass der Unterhalt (per Dauerauftrag) immer weitergezahlt wird, solltet ihr ihn am besten ab dem 18. Geburtstag direkt auf das Konto eures Kindes weiterüberweisen, da sonst weiterhin ein Anspruch deines Kindes gegen den Vater besteht.

Merke:
Ab dem 18. Geburtstag steht dem Kind der Kindesunterhalt selbst zu!

Da ein volljähriges Kind sich in erster Linie selbst betreut, wird auch der bislang durch die Betreuung finanziell geschonte Elternteil verpflichtet, sich an den Unterhaltskosten für das gemeinsame volljährige Kind zu beteiligen. Dies erfolgt durch eine Betrachtung der jeweiligen Einkünfte der Eltern nach Abzug von erlaubten Abzugspositionen (Bereinigung des Einkommens durch abzugsfähige Belastungen, Fahrtkosten und einen Selbstbehalt). Die sich ergebenden Beträge werden verglichen und ein quotaler Unterhalt für das volljährige Kind errechnet. Die Berechnung ist ziemlich aufwendig und selbst bei Kollegen extrem unbeliebt, sodass ich sie dir lieber erspare.

Beachte aber:
Ab dem 18. Geburtstag müssen beide Elternteile zahlen!

Der Vollständigkeit halber möchte ich erwähnen, dass nicht automatisch über den 18. Geburtstag hinaus Unterhalt gezahlt werden muss. Vielmehr muss aufseiten des Kindes weiterhin eine Bedürftigkeit bestehen, also das Kind nicht in der Lage sein, sich und seinen Lebensbedarf zu finanzieren. Macht das Kind zum Beispiel eine Ausbildung und verdient mehr, als der Kindesunterhalt beträgt, ist es natürlich nicht mehr unterhaltsberechtigt.

Eltern sind nach dem Gesetz verpflichtet, dem Kind eine angemessene Ausbildung zur Erlangung einer eigenen Lebensstellung zu finanzieren. Geschuldet ist auf jeden Fall eine Schulausbildung (bis zum Abschluss), eine Ausbildung und/oder ein Studium, wenn das Kind dafür geeignet ist. Dabei ist auch ein Sitzenbleiben des Kindes, ein Wechsel der Schule, ein Abbruch und daraufhin ein folgender Wechsel der Ausbildung nicht ausgeschlossen, wenn eine Tätigkeit dem Kind nicht wirklich liegt.

Auch ein Studienwechsel ist nicht ausgeschlossen und wird nicht durch einen Abbruch der Unterhaltspflicht bestraft, da es nachvollziehbar ist, dass man erst ausprobieren muss, ob man wirklich für das gewählte Studienfach geeignet ist, was insbesondere bei den Studiengängen Physik, Medizin, Mathematik, altgermanische Sprachen etc. deutlich wird. Eignung hat ja nicht nur mit bloßem Willen, sondern auch mit Begabung zu tun – was man allerdings nur durch einen Versuch herausfinden kann.

Daneben gibt es auch Kinder, denen es an Einsicht fehlt, wozu man überhaupt eine Ausbildung machen sollte. Sie träumen davon, Topmodel oder Influencer zu werden und sehen den Ernst der Lage und des Lebens nicht so recht ein, sondern chillen lieber. Dann droht das Ende der Unterhaltspflicht, denn auch wenn es z. B. zwischen Abitur und Studium oder in der Phase von Ausbildung Nr. 1 zu Ausbildung Nr. 2 zu mehreren Monaten Zwangspause kommen kann, darf das Kind nicht rumtrödeln, sondern muss so schnell wie möglich den nächsten Ausbildungsabschnitt angehen. Dies gilt auch für Kinder, die schon mehrere Erstausbildungen angefangen haben und nie über die ersten Monate hinausgekommen sind, weil es doch keinen Spaß machte, man morgens immer pünktlich erscheinen musste, der Chef irgendwie blöd war oder eine andere Ausrede als Begründung für den vorzeitigen Abbruch genannt wird.

Das OLG Köln hat bestätigt, dass man z. B. bei einem 26 Jahre alten Kind als Eltern keine Erstausbildung mehr finanzieren muss, wenn es schon mehrere „erste“ Ausbildungen angefangen und wieder abgebrochen hat (OLG Köln, Az. 10 UF 24/21). Zum Glück betrifft euch das natürlich nicht. Aber man kennt ja jemanden, der jemanden kennt, der betroffen sein könnte – oder man fragt ganz diskret „für einen Freund“.

Wenn der Ex-Partner keinen Kindesunterhalt zahlen möchte

Gründe, keinen Unterhalt zahlen zu wollen oder nicht in der vom Gesetz für zutreffend erachteten Höhe, gibt es viele. Du bist übrigens weder besonders großzügig noch heldenhaft, wenn du – vielleicht um Ärger zu vermeiden – nicht darauf bestehst oder lieber selbst die Finanzierung des Kindes übernimmst, weil du es kannst. Vielmehr verfügst du ohne zu fragen über das Geld einer anderen Person: das Geld deines Kindes!

Statistisch ist belegt, dass ein Kind im Durchschnitt bis zum Erreichen des 18. Lebensjahres nicht nur unendlich viel Freude und Glück bringt, sondern inklusive Taschengeld, Kosten des Sportvereins und Geschenken für Kindergeburtstage etwa 180.000 Euro kostet, ohne dass besondere Zusatzkosten mitberücksichtigt worden sind. Dieser Betrag setzt sich nur aus Unterbringung, Verpflegung, Taschengeld, Freizeitgestaltung und Geschenken in nicht ungewöhnlicher Höhe zusammen. Dieses Geld steht deinem Kind zu, weil es der Anspruchsinhaber ist. Es ist nur zu klein, es selbst geltend zu machen. Wenn du darauf verzichtest, schadest du daher deinem Kind massiv! Dir würde es doch auch nicht gefallen, wenn deine Eltern deinem Arbeitgeber sagen, er bräuchte dir die nächsten fünf Jahre kein Gehalt mehr zu zahlen, sie würden dich schon irgendwie durchkriegen, oder?

Und denke bitte nicht an das bloße Überleben deines Kindes, das du womöglich allein sicherstellen kannst. Rein theoretisch könntest du das Geld auch für dein Kind sparen: für den Führerschein, das eigene Pferd, die Weltreise zum Abitur oder die Privatuni.

Beachte:
Auch wenn du großzügig sein möchtest: Ich habe noch keinen Fall erlebt, bei dem sich der andere Elternteil dafür bedankt hat, dass kein Kindesunterhalt gefordert worden ist. Zudem verschwindet das Geld für den Unterhalt nicht von dieser Welt: Wenn du es nicht nimmst, behält es dein Ex-Partner und kann es für sich ausgeben. Für sein drittes Mountainbike, eine neue GoPro-Kamera oder seine neue Freundin. Ich vermute, dass dir das nicht so lieb wäre. Zumindest wäre es nicht gerecht.
Ein anderer Grund, den du vermutlich nicht auf dem Schirm hast, ist rechtlicher Art: Kann sich dein Ex-Partner im Alter nicht mehr allein versorgen, wird krank, muss in einer Einrichtung leben oder gepflegt werden und reicht sein Einkommen nicht aus, passiert Folgendes: Der Sozialhilfeträger wird an dein Kind herantreten und zumindest die anteilige Übernahme etwaiger Kosten fordern, weil Angehörige in gerader Linie nach dem Gesetz einander zum Unterhalt verpflichtet sind – und dein Kind ja von seinem Vater biologisch und rechtlich abstammt. Dann interessiert es keinen, ob 30 Jahre vorher Unterhalt gezahlt wurde oder du aus eigener Entscheidung darauf verzichtet hast. Dieser Grund ist durch die aktuelle Gesetzeslage zwar etwas entschärft worden, bei den steigenden Pflegekosten kann man jedoch nicht davon ausgehen, dass das so bleibt. Also mache es gleich richtig!

Wenn du dir die Betreuung der Kids mit dem Ex-Partner teilst

Alles, was du bis jetzt zum Kindesunterhalt gelesen hast, betrifft das sogenannte „Residenzmodell“ (das Kind lebt fest in einem Haushalt und besucht den anderen). Da das Recht jedoch eine beinahe lebendige Materie ist, ist es keinesfalls starr, sondern muss sich gelegentlich an den Wechsel in der Gemeinschaft anpassen.

Das Wechselmodell

Beim echten Wechselmodell, auch paritätisches Wechselmodell genannt, teilen sich getrennt lebende Eltern die Fürsorge und Betreuung des gemeinsamen Kindes zu gleichen Teilen.

Darin liegen schon die eigentliche Challenge und der Denkfehler vieler Elternteile, da es sich um eine Betreuung zu gleichen Teilen handeln muss und eben nicht der gefühlte Anteil zählt, sondern der exakte Betreuungsaufwand.

Aber auch wenn die Eltern das Kind 50:50 betreuen und ein Einkommensunterschied besteht, kann trotzdem der höher verdienende Elternteil bis zu 75 % des Barunterhaltes herangezogen werden, obwohl er exakt 50 % der Betreuung übernimmt.

Hast du also einen Ex-Partner, der mehr verdient als du, lass dir bitte nicht erzählen, dass sich die Unterhaltspflicht durch die gleichwertige Betreuungszeit des Kindes aufhebt und du keinen weiteren Anspruch auf Zahlung von Kindesunterhalt hast. Das stimmt so definitiv nicht!

Das Gezerre geht regelmäßig zwischen den Elternteilen los, wenn es um die Ermittlung der Betreuungsanteile geht. Die Väter streben oft ein Wechselmodell an, weil sie die Kinder gern mehr betreuen würden – auch wenn sie es leider nicht können, da sie auf Montage oder im Krankenhaus arbeiten. Interessiert aber keinen! Der Bundesgerichtshof hat deshalb längst entschieden, dass es auch kein echtes Wechselmodell ist, wenn die Väter das Kind exakt ein Drittel des Monats betreuen. Auch fünf von 14 Tagen zuzüglich hälftiger Ferien reichen zum Entfall der Zahlpflicht nicht aus (BGH, FamRZ 06, S. 1015 und FamRZ 07, S. 707).

Auch muss sich das Kind nicht nur zu gleichen Zeitanteilen bei beiden Elternteilen aufhalten, sondern es muss auch in etwa die Hälfte der Versorgungs- und Erziehungsaufgaben von beiden Elternteilen wahrgenommen werden. (An dieser Stelle grüße ich alle Mütter, bei denen der Kindesvater sich zwar im Wechselmodell fühlt, sich aber Arzttermine oder Elternabende in seinen Betreuungszeiten verbittet.)

Nach Auffassung des BGH umfasst das Wechselmodell auch die hälftige Aufteilung aller organisatorischen Dienste für das Kind, also Absprache und Wahrnehmung von Arztterminen, Schulveranstaltungen, Bastelabenden im Kindergarten, Basketballspiele sowie Hol- und Bringdienste, inklusive der eher unerfreulichen Aufgaben wie Waffeln backen beim Schulbasar und Waschen der Trikots für die Fußballmannschaft nach den Spielen. Was? Das ist bei euch nicht hälftig aufgeteilt? Dann gibt's auch vollen Unterhalt – und ihr lebt nicht zwingend das Wechselmodell!

Bisweilen nerven sich die Eltern im echten oder angeblichen Wechselmodell an den Rand des Wahnsinns mit angeblichen Investitionen, die sie für das Kind tätigen und wegen derer sie keinen oder weniger Unterhalt zahlen wollen. Sind diese Mehraufwendungen Kosten, die dadurch entstehen, dass das Kind länger beim anderen Elternteil ist, sind sie nicht gesondert zu berücksichtigen und berechtigen nicht zur Unterhaltskürzung (KG 13 UF 89/2016). Dabei handelt es sich um Mehrkosten, die durch den erweiterten Umgang entstehen.

Die Klassiker sind doppeltes Schulmaterial, Trinkflaschen, Hausschuhe, Matschhosen, Mützen oder Ersatzkleidungsstücke, weil Kinder sich gelegentlich nass und schmutzig machen oder gern etwas vergessen.

Auch kann der Vater die Zahlung nicht einfach verweigern, weil er den Turnverein zahlt oder einfach Lust hatte, dem Kind ein Fahrrad zu kaufen, das teuer war und eigentlich von der Mutter aus dem erhaltenen Unterhalt zu tragen gewesen wäre – denn ein Fahrradkauf müsste natürlich abgesprochen werden: Absprache bezüglich solcher Ausgaben unter Kürzung des Unterhalts müssen einvernehmlich erfolgen, sonst bleibt der Unterhaltsanspruch trotzdem bestehen, auch wenn man etwas für das Kind gekauft hat. Freiwillig gekaufte Gegenstände des täglichen Bedarfs für das Kind sind im Rahmen des Unterhaltes aber nicht gesondert zu berücksichtigen.

Juristen, speziell Richtern, sagt man nach, dass sie nicht rechnen können – und oft auch nicht wollen. Nicht im Wechselmodell! Hierzu verweise ich auf mein Lieblingsurteil des Kammergerichts Berlin, in dem einem Kindesvater minutiös dargelegt wurde, dass er vollen Kindesunterhalt zahlen müsse, auch wenn er das Kind „annähernd im Wechselmodell" betreut hatte. Das Gericht hat genau ermittelt, dass die vom Vater behaupteten Betreuungszeiten nur zwischen 44,3 % und 45,6 % lagen und somit nicht annähernd die behauptete Hälfte der Kinderbetreuung ausmachten, da die Mutter ja 54,4 % und 55,8 % betreut hat, was eindeutig mehr und eben nicht hälftig ist (KG 13 UF 89/16). Kammergericht – *ick liebe dir!*

Diese Auffassung wird übrigens auch vom vorsitzenden Richter am BGH, Herrn Dose, vertreten (Wendel & Dose: „Das Unterhaltsrecht in der familienrechtlichen Praxis" § 2 Rz. 449). Der sieht nicht nur gut aus, sondern hat es auch in seinem Kommentar voll drauf. Deswegen wurde der Vater zu vollem Unterhalt für das Kind verpflichtet.

Durch den stetigen Wandel der Rechtsprechung tut sich aber gerade in diesem Bereich viel. Dies hat zur Folge, dass bei einem Betreuungsanteil von 45 % und 55 % zwar immer noch kein Wechselmodell vorliegt, aber eine Unterhaltsreduzierung in eine niedrigere Einkommensgruppe der Düsseldorfer Tabelle möglich ist (OLG Düsseldorf, Beschluss vom 27.08.25, AZ 5 UF 86/24). Wie der Unterhalt im Wechselmodell zukünftig einheitlich geregelt werden soll, liegt als Fragestellung aktuell dem Bundesgerichtshof vor und wird voraussichtlich 2026 entschieden werden.

Du siehst also: Juristen können doch ganz prima rechnen, wenn es darauf ankommt. Wenn der Vater keinen Unterhalt zahlen möchte, lohnt es sich also auf jeden Fall, für eine gewisse Zeit akribisch Tabellen zu führen, wann das Kind zum Vater geht und wann nicht.

Praxis-Tipp:
Notiere dir unbedingt genau die jeweiligen Betreuungszeiten, damit du im Verfahren genaue Informationen liefern kannst. Zwar kein schöner, aber ein ganz heißer Tipp!

Voraussetzungen für das Wechselmodell

Das Wechselmodell kann auf Wunsch des Ex-Partners gerichtlich beantragt werden, wenn du es nicht willst. Damit drohen viele Väter. Die Voraussetzungen für die gerichtliche Anordnung des Wechselmodells zum Wohle der Kinder nach Auffassung des BGH (Entscheidung vom 01.02.2017, Az. XII ZB 601/15) sind:

- Annähernd gleiche Erziehungskompetenz bei beiden Elternteilen
- Sichere Bindung der Kinder zu beiden Eltern
- Kooperations- und Kommunikationsfähigkeit

Der BGH hat klargestellt, dass ein Wechselmodell nicht dem Wohl des Kindes entspricht, wenn die Kooperations- und Kommunikationsfähigkeit bei den Eltern nicht besteht, sondern erst durch die Anordnung eines Wechselmodells herbeigeführt werden soll. Voraussetzung dafür ist daher, dass die Eltern bereits eine grundsätzlich kompatible Kommunikationsfähigkeit haben und diese auch leben können.

Das wird auch von anderen Oberlandesgerichten so gesehen. So hat das OLG Brandenburg bestätigt, dass gerade beim Wechselmodell eine verlässliche Zusammenarbeit der Eltern vorliegen muss und ein hohes Konfliktniveau gegen die Anordnung des Wechselmodells spricht. Dabei ist es egal, ob eine etwaige Beeinflussung der Kinder vorliegt, da die fehlende Kooperationsbereitschaft der Eltern als Grundlage fehlt (OLG Brandenburg, 19.11.2024, Az. 13 UF 93/24) und die etwaige Anordnung des Wechselmodells zu noch mehr Konflikten zwischen den Eltern führen könnte.

In dem vor dem OLG Brandenburg zugrunde liegenden Fall hatte der Kindesvater die Bedenken der Mutter im Hinblick auf die schulische Entwicklung des Kindes nicht ernst genommen, das die zweite Klasse wiederholen musste. Es sind also auch die ganz normalen Zwistigkeiten zwischen Eltern, die eine solche Entscheidung beeinflussen können.

Geringe Unterschiede in den Erziehungsvorstellungen sind auch bei zusammenlebenden Eltern normal, nach der allgemeinen Lebenserfahrung üblich und für Kinder in den meisten Fällen gut zu ertragen. Dies ist also kein Grund, fehlende Kommunikations- und Kooperationsfähigkeit anzunehmen. Die Fähigkeit, den bisherigen Umgang ohne Konflikte regeln zu können, wurde von einigen Gerichten als Indiz für eine ausreichende Kooperationsfähigkeit angesehen.

Sinnvoll ist zudem eine gewisse räumliche Nähe der Wohnungen, da die Logistik für ein gemeinsames Kind in einem Haushalt bereits herausfordernd ist. Bei einem Wechselmodell müssen Kinder zwischen zwei Haushalten pendeln, was einen zusätzlichen organisatorischen Aufwand bedeutet, da das Kind natürlich in jedem Haushalt die jeweiligen Schulsachen, Sportbekleidung, Turnbeutel, Geodreieck und Co. für die Schule und Freizeit benötigt. Diese Sachen müssen schließlich zu den erforderlichen Zeiten parat sein, was automatisch schwieriger wird, wenn sie sich an verschiedenen Orten befinden können.

Am besten funktioniert das Wechselmodell der Erfahrung nach bei sehr entspannten Eltern, die auch ohne starre Zeitvorgaben spontan im Sinne der Kinder agieren können und beruflich und persönlich flexibel sind. Ist das Wechselmodell etwas für dich?

Kindergeld (nicht nur) im Wechselmodell

Kindergeld ist die Belohnung des Staates an die Eltern, dass sie sich der Erziehung der Kinder widmen. Eigentlich ist das uneingeschränkt eine feine Sache, allerdings lauern dort viele Fallen:

Lebt man mit seinen Kindern zusammen, ist alles ganz unproblematisch, und es erhält immer der oder die Richtige das Kindergeld. Wird das Kind allerdings volljährig, steht plötzlich still und leise schlagartig nur ihm das Kindergeld zu (und wird auch als Einkommen des Kindes behandelt), sodass es Unrecht werden kann, wenn ein Elternteil dies weiterhin bekommt, das Kind damit aber nicht mehr einverstanden ist.

Auch bei einer Trennung wird es tückisch: Hat ein Elternteil nach der Geburt das Kindergeld beantragt und es seitdem auf sein Konto bekommen und zieht der andere Elternteil mit den Kindern dann in eine andere Wohnung, steht nach § 3 BKGG (Bundeskindergeldgesetz) nur diesem Elternteil das Kindergeld zu, weil das Kind in seinem Haushalt lebt. Rechtlich ist es unerheblich, ob der ehemals kindergeldberechtigte Elternteil das Kindergeld noch auf sein Konto erhält und es anschließend sofort an den anderen Elternteil weiterleitet. Da er keinen Anspruch mehr auf das Kindergeld hat, gilt auch die Weiterleitung rechtlich nicht als zulässig.

In der Praxis kommt es leider immer wieder zu solchen Fällen: Die Mutter hat früher den Antrag gestellt, das Kindergeld auf ihr Konto erhalten und das Geld nach der Trennung sofort an den Vater weiterüberwiesen. Zwei Jahre später erhielt sie jedoch einen Rückforderungsbescheid über rund 5.200 Euro, weil sie das Kindergeld zu Unrecht bezogen hatte und nicht mehr empfangsberechtigt war. Dabei ist der Behörde völlig egal, ob man jeden Monat durch Kontoauszüge beweisen kann, dass das Geld per Dauerauftrag weitergeleitet wurde. Auch wenn du das Kindergeld sofort weitergeleitet hast, kann die Kindergeldkasse trotzdem von dir die Rückzahlung des Kindergeldes verlangen, weil du es nicht erhalten durftest, aber erhalten hast.

Und nun? Die Auflösung folgt: Man kann dann den anderen Elternteil anbetteln, dass er gegenüber der Familienkasse eine Erklärung abgibt, wonach er seinen Anspruch als erfüllt ansieht. Das klappt allerdings meist nicht besonders gut, weil sich die Eltern nach einer Trennung in der Regel nicht mehr ganz so gern haben – und eine solche Machtposition einfach zu süß ist, um sie nicht bis zum Äußersten auszukosten.

Letztlich kann man einen entsprechenden Antrag beim Gericht stellen, um dieses Problem zu lösen. Denn es kann nicht sein, dass ein Elternteil das Kindergeld erhält, der andere es aber faktisch zweimal zahlen muss. Das funktioniert in der Regel auch gut – ist allerdings eher etwas für Sportliche. Ein Dauerbeschuss durch die Familienkasse, Vollstreckungsandrohungen und Mahnungen ist nur bei guter nervlicher Kondition zu empfehlen.

Hinzu kommt: Wird der Wegzug des Kindes nicht gemeldet und das Kindergeld weiter bezogen, kann unter Umständen sogar ein

Steuerstraftatbestand erfüllt sein. Und das braucht wirklich niemand.

Andersherum geht es allerdings genauso: Erhält der Mann das Kindergeld und die Frau zieht mit den Kindern weg, bekommt sie das Kindergeld ab der Trennung nachgezahlt – und der Mann ist anschließend mit Rückforderung und Ärger dran. Achte also bei der Trennung darauf, dass nur jener Elternteil Anspruch auf Kindergeld hat, bei dem die Kinder wirklich wohnen, und teile das sofort der Kindergeldkasse mit. Das reduziert nicht nur etwaigen Streit mit dem Ex-Partner und der Kindergeldkasse, sondern du kannst jeden Abend beruhigt schlafen!

Beim Wechselmodell ist es ungleich komplizierter: Das Kindergeld wird nicht hälftig an beide Elternteile ausgezahlt, sondern nur an einen Elternteil, mit dem man sich über die Aufteilung einigen muss.

Nach der Rechtsprechung des BGH (Az. XII ZB 45/15) wird eine Hälfte des Kindergelds halbiert und bei der Untersuchung des auszugleichenden Unterhaltsbedarfs (also ein Viertel pro Elternteil) auf beide Eltern aufgeteilt. Die andere Hälfte des Kindergeldes wird quotal gemäß den Einkommensverhältnissen der Eltern zur Ausgleichung gebracht, was vom Tabellenbetrag des Kindesunterhaltes nach der Düsseldorfer Tabelle und dem konkreten zusätzlichen Bedarf für das Kind abhängt (z. B. zusätzliche Wohnkosten, Kosten des Sportvereins, Busticket zur Schule).

Auch gilt nicht zwangsläufig, dass der Elternteil, der bisher das Kindergeld bekommen hat, dieses auch weiterhin erhalten muss.

Kann man sich darüber nicht einigen, prüft das Gericht den Kindergeldbezug im Wechselmodell nach folgenden Kriterien:

1. Wo ist das Kind gemeldet?
2. Welcher Elternteil bietet eher Gewähr dafür, dass das Kindergeld für das Kind verwendet wird?

3. Erscheinen beide Eltern gleich geeignet für eine sinnvolle Verwendung des Kindergeldes fürs Kind, entscheidet der bisherige Kindergeldbezug (Bezugskontinuität).

Völlig unberücksichtigt bleibt dabei, wer mehr für das Kind gekauft oder in anderer Weise „geleistet" hat (Kammergericht Az. 16 UF 84/25).

Praxis-Tipp:

Thematisiere das Kindergeld nach der Trennung nicht, wenn du es weiterhin bekommst. Einige dich mit deinem Ex-Partner am besten über die hälftige Aufteilung!

Ansonsten liste jeweils die Mehrkosten auf, die du für das Kind zahlst, und hole dir Unterstützung von einem Anwalt, da die konkrete Anrechnung kompliziert ist.

Warum der Ex-Partner Interesse am Wechselmodell hat

Hat sich dein Ex-Partner in der Ehe nicht besonders für die Kinder eingesetzt und interessiert, sie als Baby nicht gefüttert und gewickelt, nicht mit ihnen gespielt, entdeckt aber plötzlich nach der Trennung unfassbares Interesse an seinen Kindern und besteht auf das Wechselmodell, kannst du mit hoher Sicherheit davon ausgehen, dass er die paritätische Betreuung der Kinder als Sparmodell gegen die erwarteten Unterhaltszahlungen ansieht, was besonders in den höheren Einkommensschichten sehr en vogue ist.

Die echte Motivationslage wird meist bei der Überprüfung der tatsächlichen Betreuungsmöglichkeiten der Väter deutlich: Auch der in einer Klinik angestellte Arzt mit Schicht- und Wochenenddiensten oder der Manager mit 250 auswärtigen Reisetagen im Jahr möchte gern die Kinder im Wechselmodell betreuen. Als Betreuung stellt er sich jedoch bei Bedarf weiterhin entweder dich oder seine 80-jährigen Eltern mit Pflegebedarf vor. Dabei wird schnell deutlich, dass es hier nicht ums Kind geht.

Ein anderer Aspekt ist leider, dass er mit der – von dir ausgesprochenen – Trennung nicht klarkommt und das als Dominanzmittel einsetzen möchte, weil er dann jeden zweiten Tag mit dir irgendetwas wegen der Kinder absprechen will oder etwas abholen bzw. bringen muss. Dabei streitet ihr aber nach spätestens fünf Minuten über irgendetwas, was du getan, gesagt, nicht getan hast oder weil er schauen kommt, wo du bist, wer bei dir zu Hause ist oder was du so machst. Oder darüber, dass du an der Trennung schuld bist und überhaupt. Dies allerdings immer unter dem Deckmantel der väterlichen Liebe, weil er natürlich die Kinder so unfassbar vermisst!

Diese Anzeichen sind eindeutig Red Flags, sodass du das Wechselmodell unbedingt vermeiden solltest.

Deine Exit-Strategie beim Wechselmodell

Wie du weißt, setzt das Wechselmodell eine möglichst gute Kommunikation zwischen den Eltern voraus. Nur so kann der Alltag der Kinder, die regelmäßig zwischen zwei Haushalten wechseln, reibungslos funktionieren. Dabei geht es um viele kleine organisatorische Dinge: Das Kind muss zum Beispiel jede Woche zum Handball oder zum Geigenunterricht gebracht werden. Es ist zu klären, wer zu den Vorsorgeuntersuchungen geht, wer Arzttermine vereinbart – denn der andere Elternteil muss in „seinen“ Wochen ebenfalls mit dem Kind dort erscheinen können.

Außerdem müssen die Schulsachen immer in dem Haushalt vorhanden sein, in dem sie gerade gebraucht werden. Da Kinder in der Regel nicht alle Infozettel der Schule zuverlässig an beide Eltern weiterleiten, muss auch sichergestellt sein, dass die 17,99 Euro für den nächsten Schulausflug rechtzeitig im Ranzen landen. Ebenso sollte jemand daran denken, den Rucksack für den Wandertag pünktlich zu packen und für den Vokabeltest in der kommenden Woche zu üben.

Eine konstruktive Kommunikation der Eltern ist daher zwingend erforderlich, damit das Wechselmodell gut funktionieren kann. Am besten gelingt das bei einem freundschaftlichen Verhältnis und einer flexiblen Handhabung auf beiden Seiten.

Sprechen die Eltern jedoch nicht sachlich, sondern aggressiv über die Belange des Kindes, gönnen sich sprichwörtlich nicht das Schwarze unter dem Fingernagel oder nutzen Kontakte nur dazu, um Streit auszutragen und die gescheiterte Beziehung zu verhandeln, gerät das Modell schnell an seine Grenzen. Gleiches gilt, wenn ein Elternteil ständig erwartet, dass der andere spontan einspringt, wenn er selbst verhindert ist.

Auf Dauer kann das Wechselmodell so nicht funktionieren. Das gilt erst recht, wenn ein Elternteil den anderen regelmäßig beschimpft, beleidigt oder herabwürdigt. Das muss sich niemand gefallen lassen. In solchen Konstellationen ist eine verlässliche Kommunikation über die vielen kleinen Alltagsfragen des Kindes im Wechselmodell kaum noch möglich – oder schlicht unmöglich.

Weitere Voraussetzung ist die Kooperationsfähigkeit beider Elternteile, da gemeinsam und oft kurzfristig Entscheidungen für das Kind getroffen werden müssen. Macht ein Elternteil aber nicht mit, entscheidet Dinge allein, setzt für seinen Haushalt andere Regeln als abgesprochen oder will nur seine Meinung durchsetzen, liegt keine Kooperationsfähigkeit vor. Damit ist ein Wechselmodell nach Auffassung der Rechtsprechung nicht möglich.

Auch wenn du nach einiger Zeit merkst, dass euer Kind z. B. durch die ständigen Wechsel zwischen den Haushalten belastet ist, dich in den Wochen beim Anderen stark vermisst, unter den Konflikten leidet oder die Schule rückmeldet, dass es keine Hausaufgaben gemacht und kein Sportzeug dabei hat, wenn es beim Vater ist, dann solltest du aus Gründen des Kindeswohls das Wechselmodell beenden.

Profi-Tipps:
Vereinbare nie das Wechselmodell, wenn keine vernünftige Kommunikation mit dem Ex-Partner möglich ist, weil sonst dein Leben unendlich mühsam wird.
Dokumentiere die Kommunikation und etwaige Belastungen beim Kind z. B. über E-Mail, falls ein Verfahren darüber erforderlich wird.
Lass dich nicht vom Jugendamt überreden, wenn du glaubst, dass es nicht gut für dein Kind ist! Das Jugendamt kann oft sehr massiv und einschüchternd sein, aber es hat das nicht zu entscheiden, weil es dein Kind ist.
Suche dir Unterstützung bei einer Beratungsstelle, die beide Eltern gemeinsam bei der Verbesserung der Kommunikation berät, wenn es nicht komplett aussichtslos erscheint.

Wie du Probleme beim Umgang löst

Kinder zu haben, ist wunderbar. Wir alle lieben unsere Kinder, möchten sie auf ewig beschützen und jedes Übel von ihnen fernhalten.

Umgang richtig vereinbaren

Wenn du dich im Guten getrennt hast, dann dürft ihr als liebende Eltern alles an Umgang vereinbaren, von dem ihr glaubt, dass es eurem Kind guttut: Manche sehen das Kind dann zwei- bis dreimal pro Woche an festen Terminen, manche nur alle 14 Tage am Wochenende, und Eltern, die weit weggezogen sind, können seltener Umgang vereinbaren, dafür aber neun Tage am Stück, z. B., wenn das Kind noch nicht in die Schule geht. Alles ist möglich, sofern es dem Kind dabei gutgeht!

Leider ist es nach einer Trennung nicht selten, dass der andere Elternteil gefühlt zur Quelle allen Übels wird, obwohl wir diesen Menschen als Mitelternteil ausgesucht haben und das Kind an diesem allein von uns durchgeführten Auswahlprozess in keiner Weise beteiligt war.

Interessanterweise mutiert oft der Elternteil, der im Laufe der Beziehung und Ehe ausreichend qualifiziert war, mit den Kindern zu leben, den Haushalt zu führen und viele Jahre auf die Kinder aufzupassen, ganz plötzlich, also quasi über Nacht (wobei meist die Nacht der Trennung gemeint ist), zu einem charakterlosen, höchst gefährlichen Menschen, mit dem man die Kinder keinesfalls auch nur wenige Stunden allein lassen kann.

Dieses Phänomen kennen auch Familienrichter und fragen nicht zu Unrecht, wie man viele Jahre mit so einer menschlichen Katastrophe leben konnte, jetzt aber plötzlich nicht mehr – und diese Katastrophe bist unter Umständen nach der Trennung *du*.

Jede zweite Trennung zieht mindestens ein Umgangsverfahren nach sich. Dabei treten immer wieder Verhaltensstereotype auf, auf die du dich einstellen solltest.

Generell gilt: Umgang mit dem getrennt lebenden Elternteil ist für alle Kinder wichtig. Dabei wird oft vergessen, dass das Recht auf Umgang ein eigenes Recht des Kindes ist und es einen gesetzlich geschützten Anspruch darauf hat. Dies ist in § 1684 BGB verbrieft. Es geht also nicht darum, den getrennten Elternteil oder dich zufriedenzustellen, sondern das Kind hat diesen Anspruch. Dieser Anspruch richtet sich auf den Umgang mit beiden Elternteilen, auch wenn der Elternteil, der mit dem Kind zusammenlebt, dies manchmal ungern hört. Daher ist in § 1684 II BGB auch die sogenannte Wohlverhaltensklausel der Eltern beim Umgang verankert. Danach sollen Eltern alles unterlassen, was das Verhältnis des Kindes zum anderen Elternteil beeinträchtigt oder stört.

Hintergrund dieser Regelung ist die psychologisch erwiesene und unstreitige Tatsache, dass ein Kind nach der Trennung nicht nur wegen der Trennung leidet, sondern Konflikte zwischen den Eltern es – insbesondere, wenn sie sich rund um die Umgänge ranken – zusätzlich belasten, da es naturgemäß beide Elternteile liebt und schnell in Loyalitätskonflikte gerät, wenn die Mutter schlecht über den Vater spricht oder andersherum.

Die Wohlverhaltenspflicht gilt natürlich für beide Eltern. Diese sollen den Umgang im Interesse des Kindes daher möglichst einvernehmlich vereinbaren, da dies nicht die Aufgabe des Kindes ist. Ist das nicht möglich, stehen das Jugendamt und diverse Beratungsstellen moderierend zur Seite. Bei absoluter Fruchtlosigkeit ist ein schneller Gang zum Anwalt und Gericht sinnvoll, da eine friedliche Regelung mit Wochen voll Streitigkeiten über die Umgangszeiten mit dem Ex-Partner in der Regel nicht zum Ziel führt, weil aussichtslos.

In den Rahmen dieser Wohlverhaltenspflicht fällt, dass die Eltern das Kind auf die vereinbarten Umgänge angemessen vorbereiten und der andere Elternteil nicht nur an den vereinbarten Ort kommt, sondern das Kind auch pünktlich zurückbringt, dass Wechselkleidung oder Windeln mitgegeben werden und man dem Kind natürlich auch nicht im Vorfeld oder Nachgang erzählt, dass der andere Elternteil blöd ist, ein schlechter Mensch oder sonst etwas Negatives.

Du kannst dir nicht vorstellen, wie viele Verfahren vor dem Familiengericht angestoßen werden, die sich um diese Punkte ranken. Es wird insbesondere moniert, dass der andere Elternteil immer fünf bis 30 Minuten zu spät kommt, kurzfristig absagt und schlecht über die Mutter (oder den Vater) spricht. Um die häufigste Frage in diesem Zusammenhang zu beantworten: Nein, es gibt keine Vorschrift im Gesetz, die ein Zu-spät-Kommen verbietet! Spare dir also deine Nerven und die deines Kindes, benimm dich anständig, rege dich nicht über Kleinigkeiten auf und sei dem Kind ein Vorbild – auch in Gelassenheit!

Allerdings ist es menschlich nicht ganz unüblich, dass Partner nach einer Trennung zunächst verletzt sind. Das Ausspielen einer gewissen Machtposition vermag für manche kurzfristig das eigene Leid zu lindern – mit der Folge, dass Kinder nach dem Umgang nicht zurückgegeben oder vereinbarte Umgänge gar nicht erst wahrgenommen werden. In solchen Fällen hilft letztlich nur das Gericht.

Die Wohlverhaltenspflicht der Eltern gilt nicht nur für die Durchführung der Umgänge, sondern ebenso für vereinbarte Telefon- oder sonstige Kontaktzeiten des getrennt lebenden Elternteils mit dem Kind. Dabei muss nicht nur die telefonische Erreichbarkeit zur vereinbarten Zeit gewährleistet sein, sondern die Eltern müssen auch dafür sorgen, dass eine gute Verständigung ohne Ablenkung möglich ist (OLG Celle, Az. 10 WF 168/22). Sich also zur vereinbarten Zeit auf den Spielplatz zu begeben oder den Fernseher anzumachen, geht nicht.

Du bist nicht nur dazu verpflichtet, das Kind emotional und praktisch auf den Umgang vorzubereiten, sondern auch dabei zu unterstützen, dass es dem Umgang offen und positiv gegenübersteht. Als betreuender Elternteil gehört es außerdem zu deinen Aufgaben, auf mögliche Vorbehalte des Kindes einfühlsam und mit geeigneten erzieherischen Mitteln einzugehen.

Es reicht nicht aus, wenn der betreuende Elternteil die Übergabe durch eine dritte Person vornehmen lässt (OLG Brandenburg, Az. 13 WF 67/23). Das heißt, die Übergabe an die Großeltern oder andere Dritte auszulagern, ist nicht ausreichend, auch wenn es verführerisch und einfach erscheint. Dies ist eure Aufgabe als Eltern.

Am besten ist, du einigst dich mit deinem Ex-Partner, wer wann die Kinder wie lange sehen darf. Schließlich wollt ihr doch beide, dass es euren Kindern gutgeht, oder nicht? Ist das nicht möglich, kann man sich beim Jugendamt beraten lassen und sollte versuchen, den Umgang zu regeln. Dort findet in der Regel ein gemeinsames Elterngespräch statt, bei dem im besten Fall schriftlich eine Elternvereinbarung über den Umgang fixiert wird. Dieses Vorgehen ist für getrennte Paare oft schwierig, weil es für viele Menschen je nach Intensität der Trennung unvorstellbar ist, sich an einen Tisch zu setzen. Da Trennungen manchmal mit jahrelanger Gewalt, psychischem Großkampf und Missbrauch einhergehen, ist diese Haltung nachvollziehbar.

Je nach Qualität des Jugendamtes kann zunächst ein getrennter Termin für beide Elternteile vereinbart werden, worauf man aber keinen Anspruch hat. Wenn alles nicht hilft, kann man beim Gericht am Wohnort der Kinder einen Antrag auf Regelung des Umgangsrechts stellen. Das Gericht schlägt dann – je nach Alter des Kindes – eine Umgangsregelung vor, die meist lautet: alle 14 Tage, von Freitagnachmittag bis Sonntag, 18 Uhr. Zusätzlich gibt es eine Woche Oster- und Herbstferien und zwei bis drei Wochen Sommerferien sowie jeden zweiten der hohen kirchlichen Feiertage.

Bei kleineren Kindern (bis ca. drei Jahre) ist die Zeitspanne von 14 Tagen jedoch zu lang, weil sie es länger empfinden, sodass zusätzlich mindestens ein weiterer (Nachmittags-)Umgang empfohlen wird. Klingt doch ganz einfach, oder? Aber was macht man, wenn nach einem „normalen" Besuchswochenende ein Feiertag folgt? Wer weiß schon, dass bei der Ermittlung der hohen kirchlichen Feiertage der Heiligabend nicht mitgezählt wird und somit die Kinder nur am 26.12. und am Pfingstmontag beim getrennt lebenden Elternteil sein können? Oder wenn ein Umgangswochenende in die Zeit des Ferienaufenthalts fällt? Muss man das Kind dann zwischendurch zurückbringen?

Das ist genau das, was der Ex-Partner oft verlangt, denn es ist ja *sein* Wochenende, und natürlich ist das Recht des Vaters (meist) viel wichtiger als die völlig nebensächliche Tatsache, dass die Kinder

Spaß im Urlaub haben könnten und ungern acht Stunden für etwas Umgang im Auto sitzen. Man sollte (als Vater) insoweit auch gönnen können – tun ganz viele nach der Trennung aber nicht!

Die Katastrophe naht! Insbesondere, wenn man mit den Kindern in Spanien ist … (Holland wäre vermutlich noch machbar!) Und Silvester möchte doch jeder mal mit den Kindern feiern. Nur wie?

Die Tücken des Umgangs sind schier unendlich. Daher ist es bei den Gerichten mittlerweile Usus, die Feiertage (Heiligabend bis zum ersten Feiertag mittags) sowie Silvester jährlich abwechselnd vorzuschlagen, damit jeder Elternteil diese Tage mit den Kindern und seiner eigenen Herkunftsfamilie feiern kann, was einer gewissen Gerechtigkeit nicht entbehrt. Ausnahmen sind natürlich je nach Alter und persönlicher Ansicht des Gerichts möglich, z. B., wenn ein Elternteil andere Feiertage bevorzugt, weil er aus einem anderen Kulturkreis stammt.

Das unbedingte Einfordern des Umgangs als „eigenes Recht“ ohne Berücksichtigung der Tatsache, ob die Kinder gerade wirklich wollen, oder ob es nicht eventuell besser wäre, mal Fünfe gerade sein zu lassen oder flexibel zu bleiben, ist eher so ein Männerding.

Du hast es schon gelesen: Interessanterweise wird die Liebe zum Kind und zum Umgang meist erst dann entdeckt, wenn der betreuende Elternteil Kindesunterhalt geltend macht und für das Kind – je nach Leistungsfähigkeit – auch zugesprochen bekommt. Dann wird das Sehen des Kindes schlagartig ganz wichtig. Frei nach dem Motto: Wenn es mich etwas kostet, dann will ich auch etwas davon haben.

An dieser Stelle möchte ich klarstellen, dass die gemachten Aussagen ausdrücklich nicht als Väter-Bashing gemeint sind. Sie spiegeln vielmehr wiederkehrende Verhaltensmuster wider, die ich in über 27 Jahren Berufstätigkeit im Familienrecht beobachtet habe.

Ich habe ebenso viele engagierte, liebevolle Väter kennengelernt und vertreten – Väter, wie man sie sich kaum besser wünschen kann.

Männer, die sich trotz vollschichtiger Erwerbstätigkeit rührend um ihre beim anderen Elternteil lebenden Kinder gekümmert haben, mit ihren Arbeitgebern flexible Lösungen vereinbarten, um regelmäßig früher gehen zu können, und die den Umgang konsequent am Alter und am Alltag der Kinder ausrichteten. Viele von ihnen haben auf Bequemlichkeit und ein eigenes Privatleben verzichtet, weil ihnen der Kontakt zu ihren Kindern wichtiger war als Freizeit nach der Arbeit oder freie Wochenenden. Genau so einen Vater wünsche ich dir für deine Kinder.

Hast du erst mal die Hürde der Umgangsvereinbarung genommen und möchtest du dich gelassen zurücklehnen, merkst du manchmal schnell, dass Umgangsausübung eine Neverending Story ist, oder zumindest so lange andauert, bis die Kinder 15 oder 16 Jahre alt sind und die Sache mit den Besuchen selbst regeln können. Damit dir also nicht langweilig wird, haben sich Generationen von Ex-Partnern gewisse Dinge überlegt, um für Ärger zu sorgen.

Wenn der Ex-Partner nicht mit dir spricht

Im Rahmen des gemeinsamen Sorgerechts (der Regelfall, falls nichts anderes vereinbart oder vom Gericht beschlossen wurde) muss man sich mit dem Ex-Partner im Hinblick auf den Umgang der gemeinsamen Kinder über ein Minimum absprechen. Das stellt oftmals eine weitere Herausforderung dar, und es ist *nicht* Aufgabe der Kinder, obwohl es den Eltern manchmal lieber wäre und zudem bequem ist.

Dabei kann es um so alltägliche Dinge gehen wie darum, dass das Kind morgens und abends seinen Hustensaft nehmen soll, in der Woche schlimmen Durchfall hatte und deswegen keine Süßigkeiten essen soll oder eine Englischarbeit schreibt und deswegen Vokabeln abgefragt werden sollten.

Verweigert der Ex-Partner sich jedem Gespräch und hat dich auch bei WhatsApp und Facebook gesperrt oder fängt bei jedem Gespräch an, dir Vorwürfe zu machen, kannst du ein sogenanntes „Umgangstagebuch“ führen. Ein schlichtes Schulheft reicht, in dem du aufschreibst, was an dem Wochenende wichtig ist. Das musst du natürlich eurem Kind mitgeben, umgekehrt natürlich genauso. Das Tagebuch kannst du bei Bedarf in einem gerichtlichen Verfahren gut als Dokumentation oder Beweis heranziehen. Auch ist es bei langfristigen Kommunikationsstörungen zur Erhaltung deiner psychischen Gesundheit (und der des Kindes!) manchmal erforderlich, den Kontakt zu minimieren, da der Ex-Partner unbelehrbar ist. In diesen Notfällen darfst du die persönliche Kommunikation verweigern: Niemand verlangt von dir, dass du dich im persönlichen Kontakt oder in Nachrichten anmeckern lassen musst, bloß weil ihr ein gemeinsames Kind habt. Es reicht, wenn du einen Kommunikationsweg mit dem Vater unterhältst, das kann auch per E-Mail oder Brief sein. *Wirkt extrem stressreduzierend!*

Wenn das Kind vor dem Umgang immer krank ist

Mittlerweile leben immer mehr Kinder bei ihren Vätern, sodass die Mütter in diesen Fällen die umgangsberechtigten Elternteile sind. Je nach emotionaler und persönlicher Reife des Elternteils, bei dem das Kind lebt, kann es vorkommen, dass das Kind ausgerechnet dann Fieber hat oder krank ist, wenn es zu dir kommen soll.

Oder aber das Kind sagt, dass es krank ist, wenn es wieder zum Vater soll. Ist dann aber am nächsten Tag gesund und will schwimmen gehen. Kommt die Krankheit des Kindes immer freitags, könnte dein Ex-Partner die Vorlage eines Attests vom Kinderarzt verlangen.

Es besteht auch die Möglichkeit, ein gerichtliches „Zwangsgeld“ zu beantragen. Denn der Umgang soll auch dem getrennt lebenden Elternteil ein Stück „normales Leben“ mit dem Kind sichern. Dazu gehört auch die Zeit des Zusammenseins, wenn das Kind krank oder erkältet ist. Ein solches Ordnungsmittel (seit 2009 ist Zwangsgeld oder Zwangshaft gegen den nicht den Umgang gewährenden Elternteil möglich) nach § 33 FGG hat den Sinn, den Umgangsanspruch des Kindes im Falle der Nichtgewährung erzieherisch durchzusetzen.

Beruft sich ein Elternteil bei der Nichtherausgabe des Kindes darauf, dass das Kind krank sei, reicht dies allein nicht aus, um ein Zwangsgeld abzuwenden. Besteht eine gerichtliche Vereinbarung oder ein gerichtlicher Beschluss, ist die Verpflichtung zur Herausgabe des Kindes ernst zu nehmen. In der Praxis bedeutet das: Das Kind muss so schwer erkrankt sein, dass es transportunfähig ist (OLG Hamm, Az. 11 UF 89/17). Bei gewöhnlichen Erkrankungen ist davon nicht auszugehen – selbst dann nicht, wenn das Kind beispielsweise zwei gebrochene Beine hat. Erforderlich wäre vielmehr eine Erkrankung von solcher Schwere, dass ein stationärer Krankenhausaufenthalt notwendig ist.

Teilweise verlangen die Gerichte sogar eine ärztliche Reiseunfähigkeitsbescheinigung. Liegt eine derart schwere Erkrankung nicht vor und beantragt der andere Elternteil ein Zwangsgeld, kann es daher durchaus passieren, dass das Gericht ein solches festsetzt. Das geschieht zwar nicht häufig, das Risiko besteht jedoch.

Wenn der Ex-Partner die Kinder täglich sehen will

In einer Ehe ist es ganz normal, dass jeder Elternteil die Kinder jeden Tag sieht. Meist wird das wenig wertgeschätzt: Die Kinder sind für einen Elternteil nach der Arbeit eher anstrengend und nichts, womit er sich ausgiebig beschäftigen möchte – nicht zuletzt, weil die Aufgaben zwischen den Eltern aufgeteilt sind.

Einvernehmlich kannst du also nach der Trennung jeden Kontakt-Turnus vereinbaren, der den Kindern – und dir selbst – guttut. Auf mysteriöse Weise werden aber Kinder nach der Trennung wahnsinnig attraktiv, sodass manche Männer sie plötzlich jeden Tag sehen wollen, wenn sie Zeit und Lust haben, oder mal eben abends vorbeikommen wollen, um den Kindern eine Geschichte vorzulesen, zur Not auch am Telefon.

Das ist am Anfang zwar verführerisch, weil es einem nach der Trennung für alle Beteiligten leidtut, tut aber auf Dauer nicht gut: Wichtig für Kinder ist, dass ein möglichst regelmäßiger Rhythmus hergestellt wird, auf den sie sich einstellen können, da sie unter der Trennung in der Regel ohnehin schon leiden und durch täglichen Kontakt eher verstört werden.

Mit zunehmendem Alter fällt es Kindern leichter, zwischen deinem Haushalt und dem ihres Vaters zu unterscheiden und sich auf die jeweiligen Vorteile bei jedem Elternteil zu freuen. Ab etwa drei Jahren muss ein Kind den anderen Elternteil nicht mehr jede Woche sehen – erst recht nicht täglich. Es kennt den Elternteil und nimmt eine kurzfristige Trennung nicht mehr automatisch als Beziehungsabbruch wahr.

Zudem haben Kinder mit zunehmendem Alter eigene Termine, etwa Sportangebote nach der Schule, Verabredungen mit Freunden, Ergotherapie oder Ähnliches. Werden in dieser Phase sehr häufige Umgangskontakte verlangt, die sich nicht am Bedarf des Kindes, sondern am Bedürfnis des Vaters orientieren, wird das Kind aus seinen Routinen gerissen. Das ist für Kinder in der Regel nicht gut. Zudem ist es für dich mit zunehmender Zeit auch nicht sinnvoll, den Ex-Partner täglich zu sehen, weil das – leider – häufig nur dazu dient, dich zu kontrollieren oder Streit zu provozieren. *Don't do it!*

Wie du Umgangskosten nicht unnötig trägst

Beim Umgang holt der umgangsberechtigte Elternteil das Kind beim betreuenden Elternteil ab und bringt es auch wieder zurück. Ist der Umgang bei euch friedlich geregelt, kann man diese Praxis einfach leben oder einvernehmlich eine andere Absprache treffen, die für beide Seiten passt.

Da jedoch nicht wenige Väter den Umgang mit ihren Kindern offenbar mit einem Pizzaservice verwechseln und erwarten, dass du ihnen das Kind nach Hause lieferst, hier noch einmal ganz deutlich:

Merke:
Kinder sind im juristischen Sinne eine Holschuld! Heißt: Wer sein Kind zum Umgang haben möchte, muss es sich auch holen. Und zwar an der Wohnung der Kindesmutter oder an einem vereinbarten Treffpunkt. Und zurückbringen natürlich auch. Klar kann man mal nett sein und das Kind irgendwo hinbringen, aber ein Rechtsanspruch darauf besteht nicht.

Die Rechtsprechung hat also den Grundsatz entwickelt, dass der umgangsberechtigte Elternteil das Kind am Wohnsitz des Kindes abholen muss. Dennoch findet sich in vielen Verfahren, die auf eine einvernehmliche Lösung abzielen, immer wieder das Ansinnen der Gerichte, die Mutter zu fragen, ob sie dem umgangsberechtigten Vater im Rahmen einer Einigung nicht entgegenkommen und damit „ein Zeichen setzen“ wolle. Gerade in Fällen, bei denen die Mütter mit den Kindern vom Wohnsitz des Vaters weggezogen sind, wird dies gern bemüht, als ob man durch den Umzug etwas falsch gemacht hätte. Daraus ergibt sich für viele Mütter die berechtigte Frage: Musst du überhaupt ein Zeichen setzen? Und ist man dazu generell verpflichtet?

Grundsätzlich besteht nach § 1684 II BGB eine Wohlverhaltenspflicht und du musst alles tun, um den Umgang zu fördern und Störungen zu unterlassen. Das OLG Bamberg hat aber klargestellt, dass du das Kind keinesfalls zum Umgang bringen musst, wenn du z. B. 50 km weit weggezogen bist (Az. 7 UF 190/22). Lass dich daher nicht vom Gericht „bequatschen“, wenn du dauerhaft (unbedingt daran denken, dass es dann erst mal für immer gilt und man nicht „mal eben“ von dieser Pflicht freikommt!) die Fahrten ausüben sollst. Du hast nichts falsch gemacht, bloß weil du weggezogen bist!

Auch bist du nicht verpflichtet, dem anderen Lebensmittel oder Geld für die Kinder mitzugeben, auch wenn er Unterhalt zahlt. Gleiches gilt für Windeln, Zahnbürsten und was das Kind an den Wochenenden noch so braucht. Dabei handelt es sich um umgangsbedingten Mehrbedarf, den der Vater zu tragen hat. Wechselkleidung und das Lieblingskuscheltier hingegen sind eine Selbstverständlichkeit.

Geschenke beim Umgang

Gerade an Feiertagen wie Weihnachten entbrennt regelmäßig Streit über die Frage, ob die Kinder ihre Geschenke mit in den anderen Haushalt nehmen dürfen. Spätestens an dieser Frage kannst du erkennen, ob deine Trennung erfolgreich war und du dich (wie zwei erwachsene Menschen) im Guten oder völlig zu Recht von deinem Partner getrennt hast, weil er möglicherweise das Wohl der Kinder für weniger wichtig erachtet als du.

Es beginnt manchmal schon damit, dass die Kinder, die aus irgendwelchen Gründen nicht gern zum getrennt lebenden Elternteil gehen, mit dem Bereithalten von Geschenken gelockt werden. Obwohl man die Geschenke für die Kinder auch mit einem lieben Brief nach Hause bringen könnte. Im Falle des Kontaktabbruchs kann man die Geschenke auch mit der Post schicken oder bei der zuständigen Mitarbeiterin des Jugendamtes abgeben. Denn wichtig ist nur zu zeigen, dass man die Kinder gernhat und an sie denkt.

So sehen es aber nicht alle: Denn ungeachtet des Willens der Kinder ist es für manche Menschen wichtig, dass sie Weihnachten zu einem kommen und natürlich auch fein gekleidet und ordentlich gekämmt den Großeltern und der Restfamilie präsentiert werden können. Wie stünde man sonst denn da? Sind die Kinder dann da, kriegen sie natürlich auch Weihnachtsgeschenke. Gerne möglichst teure oder solche, von denen man weiß, dass der andere Elternteil sie nicht gut findet. So kann man zeigen, was man selbst für ein tolles Elternteil ist. Ein iPhone, die pädagogisch wertvollen Ballerspiele für die Playstation ab 18 Jahren oder gern auch etwas Lebendiges.

Dabei spalten sich die Geister hinsichtlich der Frage, wem die Weihnachtsgeschenke der Kinder eigentlich gehören. Natürlich können Kinder an Gegenständen, die man ihnen schenkt, Eigentum erwerben. Meist bekommen sie diese jedoch – gerade bei teureren Geschenken – nur zum Gebrauch überlassen und sind somit nur Besitzer. Heißt: Papa kauft das neue iPhone mit Vertrag, das Kind darf es aber benutzen.

Merke:
Besitz ist eine Tatsache, Eigentum hingegen ist das Recht an einer Sache.

Auch bei Weihnachts- oder Geburtstagsgeschenken sind die Eltern im Rahmen des Sorgerechts gemäß § 1626 BGB verpflichtet aufzupassen, dass Kinder keinen Schaden nehmen, also nicht so lange auf der PlayStation zocken, bis sie viereckige Augen bekommen. Im Rahmen der elterlichen Sorge kann es nötig sein, die Spielzeit auf drei Stunden am Tag zu begrenzen oder mal das Handy einzukassieren.

Richtig schäbig wird es, wenn Kinder angeblich etwas geschenkt bekommen, aber nicht mit nach Hause nehmen dürfen, sondern Hund, Playmobil oder Playstation beim anderen Elternteil bleiben muss. Warum auch immer. Manchmal, um das Kind noch öfter zu sich zu locken oder um den Partner zu ärgern. Spätestens dann weißt du, dass du dich zu Recht getrennt hast, da es nicht um die Freude der Kinder oder die Eigentumsverhältnisse geht, sondern darum, das eigene Ego und Machtgefälle zu demonstrieren. Dabei sollte es doch gerade bei Geschenken an die Kinder – alle Jahre wieder – um was anderes gehen.

Zwangsweise Durchsetzung des Umgangs

Umgang ist so wichtig, dass er auch stattfinden sollte, wenn das Kind krank ist, da dies zu einem normalen Leben mit Kindern dazugehört und auch der getrennt lebende Elternteil diesen Teilbereich mit den Kindern leben können sollte (OLG Schleswig, FamRz 2018, S. 1946). Regelfall ist jedoch, dass der Umgangsberechtigte das kranke Kind oft gar nicht haben möchte, weil er Angst vor einer Ansteckung hat und es daher freiwillig beim betreuenden Elternteil lässt.

Gibt es eine gerichtliche Festlegung, in der der Umgang geregelt wurde, muss man das kranke Kind herausgeben, da sonst ein Zwangsgeld droht. Das Gericht kann auf Antrag gemäß § 89 Abs. 1 FamFG zur Durchsetzung des titulierten Umgangs ein Ordnungsgeld bis zu 25.000 Euro und ersatzweise Ordnungshaft gegen den Elternteil verhängen, der den Umgang an den festgesetzten Tagen nicht ermöglicht hat. Vor der Festsetzung des Ordnungsmittels findet allerdings eine Anhörung statt (§ 89 Abs. 2 S. 1 FamFG), bei der Zwangsgelder nur von den wenigsten Familienrichtern verhängt werden.

Die meisten Richter setzen zunächst lieber einen Termin mit allen Beteiligten an, heben den Zeigefinger und sagen: „Du, du, du!“ In Bezug auf das beantragte Zwangsgeld hat das oft eher etwas von einem Stuhlkreis als von einer förmlichen Anhörung. Pädagogisch ist dieses Vorgehen durchaus nachvollziehbar. Menschen haben ein grundlegendes Bedürfnis, gehört und gesehen zu werden, und sind eher bereit, tragfähige Vereinbarungen zu schließen – und auch einzuhalten –, wenn sie das Gefühl haben, am Entscheidungsprozess beteiligt gewesen zu sein. Deutlich schwerer fällt dies, wenn eine Entscheidung von einem völlig Fremden, nämlich dem Gericht, als verbindliche Handlungspflicht „übergestülpt“ wird.

Rein rechtlich besteht allerdings die Möglichkeit, zeitgleich mit der Festsetzung von Ordnungsmitteln (Zwangsgeld oder Zwangshaft) auch die Kosten des Verfahrens aufzuerlegen (§ 92 Abs. 2 FamFG). In der Praxis kommt das äußerst selten vor. Nur bei meinem Heimatgericht scheint es mich – und meine Mandantinnen – regelmäßig zu erwischen. Dumm gelaufen.

Wird ein Zwangsgeld einmal festgesetzt, treibt das Gericht dieses stets von Amts wegen ein. Die Vollstreckung erfolgt also nicht durch den umgangsberechtigten Elternteil, der auf den Umgang verzichten musste, sondern ausschließlich auf Veranlassung des Familiengerichts – über den Rechtspfleger und den Gerichtsvollzieher. Das irritiert die Beteiligten bisweilen. Nicht selten haben sich manche nach Zustellung des Zwangsgeldbeschlusses innerlich bereits über das „Ordnungsgeld“ gefreut und es gedanklich schon für eine Urlaubsreise oder eine neue Sommergarderobe verplant. Leider gilt: Ihr bekommt das Zwangsgeld auf keinen Fall ausgezahlt. Es ist zwingend an die Staatskasse (also die Gerichtskasse) abzuführen (BGH, Beschluss vom 02.03.1983, Az. IVb ARZ 49/82). Sei also nicht enttäuscht.

Wichtig:

Die Festsetzung des Ordnungsgeldes unterbleibt, wenn der Andere ernsthafte Gründe vortragen kann, aus denen sich ergibt, dass er den Ausfall des Umgangs nicht zu vertreten hat (§ 89 Abs. 4 FamFG). So etwas kann natürlich immer passieren: ein Unfall, eine Autobahnsperrung oder ein stornierter Rückflug aus dem Urlaub. In solchen Fällen musst du allerdings die Umstände, die zum Ausfall des Umgangs geführt haben, genau darlegen. Dazu gehört auch der Nachweis, dass es dir nicht möglich war, zwischenzeitlich einen anderen Rückflug zu buchen, wobei die lapidare Behauptung, dass dies zu teuer gewesen wäre, das Gericht nicht überzeugt.

Auch wenn du vorträgst, das Kind habe sich mit Händen und Füßen gegen den Umgang gewehrt, reicht eine bloße Behauptung nicht aus. Dieses Vorbringen muss konkret dargelegt und möglichst auch bewiesen werden. In solchen Fällen prüfen die

Gerichte sogar, ob der zum Umgang verpflichtete Elternteil positiv auf das Kind eingewirkt hat, um es zum Umgang zu motivieren. Faktisch kommt es damit zugunsten des Gläubigers zu einer Art Beweislastverschiebung.
Entsprechende Gründe können allerdings auch nachträglich vorgetragen werden. Gelingt dies, ist das Ordnungsmittel aufzuheben.

Der Vollständigkeit halber muss ich erwähnen, dass die Anforderungen dazu mittlerweile gestiegen sind. Man darf das Kind nicht mehr bloß fragen, ob es denn zum Umgang möchte, sondern soll es auch pädagogisch motivieren. Wie das genau geschehen soll, ist aber im Einzelfall noch ungeklärt.

Wenn der Ex-Partner eigenmächtig gegen Vereinbarungen handelt

An Absprachen muss man sich halten und darf nicht widersprüchlich handeln. Dieser Gedanke ist im Schuldrecht im Grundsatz von Treu und Glauben verankert (§ 242 BGB). Danach kann jemand einen an sich bestehenden und rechtlich geschützten Anspruch nicht mehr durchsetzen, wenn er sich zuvor widersprüchlich verhalten hat und der andere Teil auf dieses Verhalten vertrauen durfte.

Grundsätzlich hat der Ex-Partner also zwar das Recht, den Umgang frei nach eigenen Vorstellungen und den Wünschen der Kinder zu gestalten und muss dich nicht fragen. Gibt es aber Absprachen, dass das Kind z. B. bestimmte Medikamente regelmäßig einnehmen muss, ist eine solche Absprache zwingend einzuhalten, damit das Kind keinen Schaden nimmt. Sonst kann bei gemeinsamem Sorgerecht ein Gericht den Umgang grundsätzlich mit einer Auflage versehen, wenn diese zur Abwehr einer möglichen Gefahr für das Kind geeignet ist und den bestehenden Elternkonflikt regeln kann (OLG Frankfurt, Az. 1 UF 170/20).

In einem anderen Fall hat das Gericht in der (gemeinsam begründeten) Anzahl der sieben Schlittenhunde allein keine Gefahr für das Kind gesehen, aber zur Befriedung des Elternkonflikts angeordnet, dass das Kind beim Umgang nicht mit den Hunden unbeaufsichtigt gelassen werden darf. *Leben geht doch ganz einfach, wenn man es sich nicht tierisch schwer machen will!*

Umgang per Videokonferenz

Der Umgang mit dem getrennt lebenden Elternteil soll grundsätzlich persönlich stattfinden. Seit der Corona-Zeit haben wir jedoch alle unsere technischen Möglichkeiten deutlich erweitert – und auch die Gerichte sind kreativer geworden, wenn es darum geht, Umgang praktikabel zu gestalten. Bei größerer räumlicher Entfernung, etwa wenn ein Elternteil im Ausland lebt, oder auch bei einem Missbrauchsverdacht, kann daher angeordnet werden, dass der Umgang ganz oder teilweise per Video-Telefonat erfolgt. Sei also nicht überrascht, wenn das Gericht eine solche Lösung vorschlägt oder festlegt.

Hierzu ein skurriler Fall: Den Umgang beantragte ein Vater, der ausreisepflichtig und aufgrund versuchten Mordes und schweren Raubes längerfristig inhaftiert war, der aber trotzdem sein zwei Jahre altes Kind „sehen" wollte. Umgangsrecht ist ein unumstößliches Elternrecht: Artikel 6 GG und so.

Da man aus der JVA als Inhaftierter schlecht rauskommt und ein Aufenthalt für ein zweijähriges Kind in der JVA pädagogisch fragwürdig wäre, hat das Gericht kurzerhand angeordnet, dass einmal im Monat ein Video-Umgang per Skype durchzuführen sei, wobei der Kindsvater von einem Mitarbeiter der Justizvollzugsanstalt begleitet werden müsse, um etwaigen Missbrauch dieser Kontakte für unangemessene Kommunikation mit der Kindesmutter zu verhindern (OLG Oldenburg, Az. 11 UF 77/23).

Findet bereits regelmäßiger persönlicher Umgang statt, solltest du darauf achten, nicht zusätzlich wöchentliche oder gar tägliche Video-Telefonate verbindlich in einer Umgangsvereinbarung zuzusagen. Haben die Kinder dann mal keine Lust zu telefonieren oder wollen lieber spielen, kann schnell der Vorwurf entstehen, du hättest den Kontakt verhindert – und nicht immer wird dir geglaubt, dass das nicht der Fall ist.

Begleiteter Umgang

Hast du Sorgen, ob der Umgang mit dem anderen Elternteil gut klappt, könnt ihr euch darauf verständigen, euch an das Jugendamt oder eine dafür zuständige Stelle, etwa den Kinderschutzbund, zu wenden. Dort könnt ihr gemeinsam darum bitten, dass die Umgänge begleitet werden. In der Regel findet zunächst ein Elterngespräch statt, in dem beide Seiten ihre Bedenken schildern. Anschließend werden einige Umgangstermine von Fachpersonal begleitet.

Das kann besonders sinnvoll sein, wenn das Kind noch sehr klein ist oder der andere Elternteil in der Versorgung noch unsicher wirkt. Die Umgänge finden dann gewissermaßen unter Aufsicht statt. Gleichzeitig erhält der Vater Unterstützung dabei, wie er auch in herausfordernden Situationen mit dem Kind umgehen kann und lernt, die Bedürfnisse des Kindes besser wahrzunehmen.

Oft ist es aber so, dass der Vater in der Versorgung des Kindes nicht so präsent war wie du, nur gelegentlich mal eine Windel gewechselt hat, nicht weiß, wann euer Kind schläft, was es wann essen soll und du dir Sorgen machst, dass er das Kind nicht so versorgt, wie es sein soll. Das ist ganz normal! Dann kannst du – im Falle der Weigerung des Vaters – den Umgang nicht zulassen oder zur Bedingung machen, dass zunächst begleitete Umgänge stattfinden, bei denen geprüft wird, ob der Vater in der Lage ist, die Bedürfnisse des Kindes ausreichend zu befriedigen.

Und ja: Bei solchen Unsicherheiten und Ängsten darfst du zu Beginn auf begleitetem Umgang bestehen, um sicherzustellen, dass dein Kind gut versorgt ist. Das ist zulässig, weil du sorgeberechtigt bist, und dafür kann dich niemand bestrafen. Gerade nach einer Trennung kommt es vor, dass zuvor wenig präsente Väter bei sehr kleinen Kindern plötzlich große Pläne entwickeln: zwei Wochen Sommerurlaub, ein vollgepacktes Wochenende unterwegs oder Übernachtungen, obwohl das Kind noch nie ohne dich geschlafen hat und der Vater bislang kaum mehr als zwei Stunden mit dem Kind allein war. Häufig wollen sich diese Väter nach dem Ende der Beziehung auch nichts mehr sagen lassen. Hinweise werden dann als Bevormundung empfunden, während die eigenen Rechte als Vater im Vordergrund stehen. Die konkreten Bedürfnisse des Kindes geraten dabei nicht selten aus dem Blick – weil sie sie einfach nicht kennen.

Das Schlimmste, was dir passieren kann, wenn du das Kind nicht wunschgemäß „herausgibst“, ist ein Umgangsverfahren beim Gericht, das der Vater anstreben kann. Bei dem sprechen dann Fachleute Empfehlungen über die Angemessenheit des Umgangs und der Umgangszeit aus. Bei den geschilderten Konstellationen werden in der Regel begleitete Umgänge für drei bis sechs Monate durch das Gericht vereinbart, damit alle sicher sein können, dass es dem Kind beim Vater gut geht.

Da der Bedarf an begleitetem Umgang hoch ist, gibt es häufig Wartezeiten. Je nach Alter des Kindes ist dann meist nur ein Umgang von ein bis zwei Stunden, entweder wöchentlich oder alle 14 Tage, möglich. Damit sind die übermächtigen väterlichen Fantasien, mit dem Kind drei Wochen nach Spanien zu fahren, aus der Welt und der Vater darf sich erst langfristig bewähren. Worauf manche nach drei Umgängen oft schon keine Lust mehr haben, aber auch das ist dann ein klares Ergebnis.

Entlastender Umgang

Bislang war es immer so, dass es ein Umgangsrecht gab, das Väter beantragen konnten, aber umgekehrt keine vollstreckbare Umgangspflicht. Hintergrund dieses Grundsatzes ist die sicherlich richtige Annahme, dass Kinder es merken, wenn sie bei einem Elternteil sind, der kein Interesse an ihnen hat, sie nicht bei sich haben möchte und dementsprechend der Umgang auch nicht zur Freude des Kindes ausgelegt ist. Ein Zwangsgeld zur Durchsetzung einer Umgangspflicht ist schon bei bloßem Überlegen keine echte Option: Will man ernsthaft den Elternteil bestrafen, wenn er die Kinder nicht nimmt? Oder sollte die Polizei kommen und die Kinder dort zwangsweise abgeben? Das mit der Polizei ist natürlich Quatsch, aber ich habe schon mehrmals gehört, dass Leute das ernsthaft überlegt haben.

So gibt es nur einige absolute Orchideen-Entscheidungen zu diesem Thema. In dem entschiedenen Fall hatten die Eltern in einer notariellen Scheidungsfolgenvereinbarung festgelegt, dass der Vater die Kinder zweimal im Monat sieht. Tatsächlich wollte der Vater den Umgang später jedoch auf ein Wochenende im Monat reduzieren, mit der Begründung, er könne den vereinbarten Umfang wegen seiner Erwerbstätigkeit und der Abstimmung mit seinem Arbeitgeber nicht leisten.

Das OLG Nürnberg hat diesen Antrag abgelehnt. Zur Begründung führte das Gericht nachvollziehbar aus, dass es bei einem erweiterten Umgang, der bereits über längere Zeit praktiziert worden war, zumutbar sei, die Kinder auch weiterhin zweimal im Monat zu betreuen. Das gelte insbesondere dann, wenn die Kinder keine Probleme mit der neuen Ehefrau des Vaters hätten und zeitweise auch allein mit ihr bleiben könnten. Zudem stellte das Gericht klar: Umgang dient nicht nur den Wünschen und Bedürfnissen des umgangsberechtigten Elternteils, sondern hat auch die Funktion, den hauptsächlich betreuenden Elternteil zu entlasten (OLG Nürnberg, Az. 9 UF 744/23). Ist der

Vater während der Umgangszeit beruflich verhindert, kann er die Betreuung der Kinder außerdem vorübergehend durch andere Personen organisieren – etwa durch einen Babysitter, Stiefgeschwister oder andere geeignete Ersatzpersonen.

Persönlich finde ich: Da hat der Senat eindeutig auch den Mental Load der Mütter im Blick gehabt. Offensichtlich tut sich da etwas in der Rechtsprechung, aber der Regelfall ist eine solche Entscheidung noch lange nicht.

Schadensersatz beim Umgang

Gibt es eine gerichtliche Umgangsregelung und du gibst das Kind nicht raus, kannst du nicht nur mit einem Zwangsgeld belegt werden, sondern schadensersatzpflichtig sein, wenn der Vater bereits feste Investitionen getätigt hat, wenn er z. B. eine Urlaubsreise oder einen Flug gebucht hat, den er ohne das Kind nicht antreten kann.

Daher sei gewarnt: Fällt ein Umgang trotz bestehendem gerichtlichen Umgangstitel und mit gerichtlicher Billigung aus, kann es passieren, dass du zur Übernahme der entstandenen Kosten verurteilt wirst. Gleiches gilt, wenn du auf andere Weise versuchst, den Umgang zu verhindern. So ist es einer Mutter ergangen, deren Ex-Partner mit vier Kindern, fünf Koffern und seiner neuen Ehefrau am Flughafen stand, um die Ferien in Bangkok zu verbringen. Durch wiederholte E-Mails und Telefonate der Mutter an die Flughafenpolizei wurden die Kinder schließlich am Abflug gehindert – und damit die gesamte Reise. Auch solche indirekten Eingriffe können rechtlich als Umgangsvereitelung gewertet werden und erhebliche Kostenfolgen nach sich ziehen.

Das Kammergericht Berlin hat in diesem Fall (kein Mütter-Bashing, sondern ein echter Fall aus dem echten Leben!) entschieden, dass die Mutter, die die Ursache (Anruf bei der Polizei) gesetzt hat, 8.331,73 Euro Schadensersatz für neue Flüge, Hotelstorno, entgangene Urlaubstage und Schmerzensgeld für die Peinlichkeiten am

Flughafen zu zahlen hat (13. ZS-FamS, AZ: 13 UF 88/18). *Bitte also auf keinen Fall nachmachen!*

Wenn dir der Ex-Partner Bindungsintoleranz vorwirft

Gewähren Frauen – nach wie vor die deutlich größere Gruppe der hauptsächlich betreuenden Elternteile – den Umgang nicht in der gewünschten Form, wird sofort behauptet, sie seien bindungsintolerant und würden die Kinder manipulieren. Häufig heißt es dann, die Kinder wollten selbstverständlich Umgang mit dem anderen Elternteil – was dieser angeblich ganz genau wisse.

Nicht selten wird in diesem Zusammenhang auch das sogenannte *Parental Alienation Syndrom (PAS)* ins Feld geführt. Danach sollen Kinder von einem Elternteil – meist der Mutter – gezielt gegen den anderen Elternteil beeinflusst worden sein.

Das Konzept des PAS geht auf den US-amerikanischen Kinderpsychiater Richard Alan Gardner zurück, der es 1985 vorstellte. Gardner veröffentlichte seit den 1970er-Jahren zahlreiche Bücher und Artikel zum Thema Scheidung. Er war selbst geschieden und Vater von drei Kindern. Er starb 2003 durch Suizid. Was schon andeutet, dass er sein Leben zumindest zu diesem Zeitpunkt nicht als glücklich und lebenswert angesehen hat.

Sein Modell des PAS beschreibt eine spezielle Form der Eltern-Kind-Entfremdung, bei der ein Elternteil das Ansehen des anderen in den Augen des Kindes zerstört. Dies führe unweigerlich zu einem schwerwiegenden Loyalitätskonflikt und einer großen psychischen Belastung für das Kind. Es ist natürlich richtig, dass eine solche Situation für ein Kind schwierig ist, dennoch ist die pauschale Behauptung des PAS in den letzten Jahren so in Mode gekommen, dass auch der unreflektierteste umgangsbegehrende Elternteil, der mit seinem Verhalten die Ablehnung des Kindes (mit-)verursacht hat, sofort darauf pocht und jegliche Verantwortung von sich weist.

Für dich als Mutter und Hauptbetreuerin ist das in den Gerichtsverfahren natürlich ein hartes Los, denn wie willst du beweisen, dass du weder schlecht über den anderen Elternteil sprichst noch das Kind entfremdest, sondern es vielmehr so ist, dass der andere Elternteil gegenüber den Bedürfnissen und Wünschen des Kindes taub ist? Oder einfach nur grob und gemein? In der Fachliteratur ist das PAS schon länger umstritten, wird aber immer noch regelmäßig bemüht.

Eine genaue Schilderung soll hier aus folgendem Grund nicht erfolgen: Ende 2024 hat das Bundesverfassungsgericht nach einer Vielzahl von familienrechtlichen Verfahren wegen Aufenthaltsbestimmungsrecht, Umgangsrecht und Wechselmodell einen wichtigen Beschluss gefasst. Dem lag ein Fall zugrunde, bei dem die Kinder erst bei der Mutter lebten, dann beim Vater (weil die Mutter die Kinder dem Vater entfremdet habe). Es wurden Ordnungsmittel gegen die Mutter verhängt (weil sie trotz Anordnung keinen Umgang zugelassen hatte), dann wurde das Aufenthaltsbestimmungsrecht auf den Vater übertragen und die Kinder mit Gerichtsvollzieher und Polizei bei der Mutter abgeholt. Dann wollten die Kinder aber doch lieber bei der Mutter leben, was aber nicht gehen sollte, weil sie ja die Kinder dem Vater entfremdet habe … Für alle, denen jetzt auch die Ohren rauschen: Nein, nicht nur ihr seid betroffen – es gibt offensichtlich auch andere schwierige Fälle!

Das Entscheidende an dieser Entscheidung ist, dass das Bundesverfassungsgericht unmissverständlich klargestellt hat: Eine Begründung mit einer angeblichen „Eltern-Kind-Entfremdung“ greift auf das Konzept des PAS zurück – und dieses ist wissenschaftlich widerlegt (Beschluss des BVerfG vom 17.11.2023, Az. 1 BvR 1076/23). Das bedeutet: Nach heutigem wissenschaftlichem Kenntnisstand ist nicht zwingend belegt, dass die Ablehnung eines Elternteils durch ein Kind auf eine gezielte Manipulation des Umgangs zurückzuführen ist. Vielmehr kann es eine Vielzahl von Gründen geben, warum ein Kind zu einem bestimmten Zeitpunkt keinen Umgang mit dem getrennt lebenden Elternteil möchte – etwa altersbedingt, entwicklungsbedingt, aufgrund von Bindungserfahrungen, Loyalitätskonflikten oder belastenden Erlebnissen. 2025 hat das Bundesverfassungsgericht die Existenz eines wissenschaftlich anerkannten PAS erneut ausdrücklich verneint.

Bindungsintoleranz, die heutzutage jeder Mutter in fast jedem Verfahren vorgeworfen wird, ist die aktuelle Nachfolgerin von PAS, zumindest in den Argumentationen der umgangswilligen Väter. Unter Bindungstoleranz versteht man die Fähigkeit des alleinsorgeberechtigten Elternteils, zuzulassen, dass das Kind eine liebevolle Beziehung und regelmäßigen Kontakt mit dem anderen Elternteil haben kann und man selbst diese Beziehung zum anderen Elternteil nicht nur zulässt, sondern auch positiv und proaktiv fördert. Inwieweit der Elternteil in der Lage ist, einen spannungsfreien Kontakt des Kindes zum anderen Elternteil zuzulassen und aktiv zu fördern, hat natürlich erhebliche Bedeutung (OLG Köln vom 01.03.2018, Az. 10 UF 19/18 – §§ 1671, 1684 BGB: Übertragung des Aufenthaltsbestimmungsrechts wegen Umgangsvereitelung). Bei der Bindungstoleranz handelt es sich um einen wichtigen Indikator zur Regelung des Sorgerechts, der allerdings beinahe wahllos auch in vielen Umgangsverfahren bemüht wird.

Völlig unbeleuchtet bleiben hier psychologische Gründe. Eine Bindungstoleranz nach einer Trennung kann nur entstehen, wenn ein Elternteil die eigene Kränkung, Wut und Trauer für sich verarbeitet hat und nicht mehr über das Kind austrägt. Auch wenn dies in den ersten Wochen der Trennung für viele schwierig ist, ist das meist kein Problem auf Dauer, denn jede Mutter will natürlich, dass es ihrem Kind gut geht und es den anderen Elternteil sehen darf, den es liebt – auch wenn man selbst diesen nicht mehr so gut findet.

Eine Voraussetzung dafür ist nach meiner Auffassung die Fähigkeit zu vertrauen. Ist einem Menschen über lange Zeit psychische oder physische Gewalt angetan worden, geht das Vertrauen mit der Zeit verloren, sodass dieser Mensch es gar nicht mehr ohne Weiteres kann, sondern erst wieder lernen muss. Leider wird dieser Aspekt insbesondere nach Beziehungen mit Gewalterfahrungen vor Gericht nicht beleuchtet. Dabei kann man mit so einer Historie nicht immer sofort Bindungsfürsorge oder Bindungstoleranz haben. Und solchen Müttern kann man das auch nicht vorwerfen.

In diesem Zusammenhang kann es helfen, die eigenen Verletzungen aus der Beziehung bewusst wahrzunehmen und zu akzeptieren. Sich dafür Hilfe zu holen, macht es nicht nur für dein Kind leichter, sondern auch für dich.

Die ideale Frage nach einer Trennung lautet, was dein Kind gerade benötigt, auch wenn es nicht das ist, was du gerade brauchst. Sollte jemand aber in einem gerichtlichen Verfahren PAS behaupten und dir dies als Verursacherin vorwerfen, weißt du, dass derjenige schlichtweg keine Ahnung hat – PAS existiert in der Rechtsprechung nicht.

Checkliste: Regelungen für dein Kind

Damit die Trennung geordnet abläuft, gebe ich dir eine Checkliste mit an die Hand, damit die Situation für dich übersichtlicher ist und nichts in diesem emotionalen Ausnahmezustand untergeht.

Folgende Angelegenheiten solltest du nach der Trennung umgehend für dein Kind regeln:

- Nimm die Geburtsurkunde, den Kinderausweis und die Krankenversicherungskarte.
- Nimm den Impfausweis, das U-Heft und etwaige Atteste über bekannte Krankheiten/Therapien des Kindes.

- Du brauchst den Vertrag über die Kindergartenbetreuung/den Schulhort und die Schulbescheinigung.
- Nimm die Schulzeugnisse/Entwicklungsberichte.
- Fordere den anderen Elternteil auf, ab sofort Unterhalt zu zahlen.
- Sichere das Sparbuch deines Kindes.
- Teile der Kindergeldkasse dein Konto mit, wenn du dich getrennt hast und das Kind jetzt bei dir lebt.
- Vereinbare feste Zeiten für den Umgang und regle die Abholmodalitäten.
- Leite die Abbuchungen für wichtige Versicherungen für das Kind auf dein Konto um.
- Sichere die Kommunikation mit dem Ex-Partner, wenn ihr Streit habt, und speichere sie für das Jugendamt/Gericht.
- Beantrage Unterhaltsvorschuss beim Jugendamt, wenn du (noch) keinen Unterhalt erhältst.
- Notiere, wann und warum der Ex-Partner sich nicht an Absprachen gehalten hat.
- Dokumentiere Polizeieinsätze und Verletzungen, wenn es häusliche Gewalt gegeben hat.

Falls du schon bei einer Beratungsstelle warst:

- Nimm etwaige Schriftstücke/Vereinbarungen mit.
- Informiere dich beim Gericht oder im Internet über die Voraussetzungen der Beratungs- und Prozesskostenhilfe.

Das Gerichtsverfahren – und wie du es verstehst und überstehst

Das Recht hat eine ganz eigene Sprache, und Gerichtsverfahren folgen Regeln, die den meisten Menschen nicht ganz klar sind. Hier erfährst du, welche Verfahren es gibt, wie sie ablaufen, wie man klug Druck aufbaut und trotzdem gemeinsame Lösungen findet und was du tun kannst, um anwaltliche Vertretung und gerichtliche Verfahren zu finanzieren, wenn noch kein Unterhalt fließt. Dieses Kapitel wird dein persönlicher Spickzettel für den verfahrensrechtlichen Paragrafendschungel.

Das Scheidungsverfahren

Manche Menschen gehen nach einem großen Streit zum Anwalt und wollen sich ohne jegliches Abwarten scheiden lassen, weil sie es als unmöglich empfinden, auch nur einen Tag länger mit dem Ehegatten verheiratet zu sein. Viele sind dann schwer enttäuscht, wenn sie darüber aufgeklärt werden, dass im deutschen Familienrecht bestimmte Formalitäten und Fristen einzuhalten sind. Erschwerend kommt die Berichterstattung in den Medien hinzu, wo es heißt, Boris Becker habe sich von seiner Ehefrau spontan in zwei Wochen scheiden lassen oder Ähnliches. Daher hier die Zulässigkeitsvoraussetzungen, wie sie erforderlich sind:

Als Erstes musst du mindestens ein Jahr von deinem ehemaligen Mann getrennt sein. Verlangt ist, wie du schon gelesen hast, eine Trennung von Tisch und Bett. Das heißt, dass keinerlei gegenseitige Versorgungsleistungen mehr erbracht worden sein dürfen. Unschädlich ist, wenn man gelegentlich wegen der Kinder gemeinsam isst und beide Parteien Gemeinschaftsräume wie Küche oder Bad nutzen. Das geht zur Not auch in der Ehewohnung; in der Regel wohnt man dann aber schon in getrennten Wohnungen.

Wenn das Trennungsjahr vorbei ist, sollte man mit seiner Heiratsurkunde einen Anwalt oder noch besser Fachanwalt aufsuchen, der den Scheidungsantrag vorbereiten und beim Gericht einreichen kann.

Merke:
Zuständig ist immer das Familiengericht.

Sobald dein Scheidungsantrag beim Gericht eingegangen ist, bekommst du eine Gerichtskostenrechnung, die ans Gericht gezahlt werden muss. Erst dann beginnt das Scheidungsverfahren und die

Zustellung erfolgt. Alternativ kannst du über deinen Anwalt einen Antrag auf Verfahrenskostenhilfe stellen und beantragen, dass die Kosten zunächst ganz oder teilweise von der Staatskasse übernommen werden.

Nach Abschluss der Scheidung werden dem anderen Ehegatten die hälftigen Gerichtskosten auferlegt, da er schließlich auch geschieden werden wollte. Erstattet er diese hälftigen Gerichtskosten nicht freiwillig, kann dein Anwalt einen Kostenfestsetzungsantrag beim Gericht stellen. Dann erhältst du einen Kostenfestsetzungsbeschluss, der zur Not vollstreckt werden kann. Wurde dir für ein familiengerichtliches Verfahren Verfahrenskostenhilfe bewilligt, ist das natürlich ausgeschlossen, weil du die Kosten zu Beginn des Verfahrens nicht selbst getragen, sondern diese zunächst von der Staatskasse übernommen wurden.

Grundsätzlich gilt bei Verfahrenskostenhilfe: Du bist verpflichtet, dem Gericht bis zu vier Jahre nach Abschluss des Verfahrens deine Einkommens- und Vermögensverhältnisse offenzulegen und entsprechende Nachweise vorzulegen. Haben sich diese Verhältnisse verbessert – etwa durch eine Gehaltserhöhung oder den Erhalt einer höheren Zugewinnausgleichszahlung –, kann das Gericht die Verfahrenskosten nachträglich ganz oder teilweise zurückfordern.

Für die Scheidung müssen sämtliche Rentenanwartschaften der Eheleute geklärt werden. Dafür erhältst du von deinem Anwalt ein Formular zum Ausfüllen, welches dann vom Gericht an die Rententräger weitergeleitet wird. Zusätzlich musst du beim Rentenamt einen Termin vereinbaren und persönlich einen „Antrag auf Kontenklärung" stellen. Bei manchen Rententrägern ist dies auch online möglich. Dann fragt das Rentenamt die von dir gespeicherten Versicherungszeiten ab und es gilt, gegebenenfalls vorhandene Lücken zu klären, damit deine Rentenanwartschaften vollständig erfasst sind. Das ist wichtig, da du dann später im Alter auch mehr Rente für dich erhältst.

Im Rahmen des Versorgungsausgleichs findet in der Regel eine hälftige Aufteilung aller Rentenanwartschaften der Eheleute statt, sofern nichts anderes im Ehevertrag vereinbart wurde. Hat die Ehe weniger als drei Jahre gedauert, ist der Versorgungsausgleich nicht zwingend und wird nur auf Antrag durchgeführt. Da kannst du durchaus mitgestalten.

Wenn alle Auskünfte da sind, kommt der lang ersehnte Termin zur mündlichen Verhandlung. Dabei werden beide Eheleute angehört, da das Gericht die Zerrüttung der Ehe feststellen muss. Das dauert nur etwa fünf Minuten. Zudem wird vom Gericht gefragt, ob ihr im Vorfeld Fehler in den Versicherungszeiten zur Rente entdeckt habt, und es werden die Rentenanwartschaften aufgeteilt.

Wenn einer nicht geschieden werden möchte oder das Trennungsjahr noch nicht vorbei ist, wird das Verfahren entweder ausgesetzt oder es findet eine Beweiserhebung statt, ob die Ehe endgültig gescheitert ist. Sind sich hingegen alle einig, verkündet das Gericht endlich den heiß ersehnten Scheidungsbeschluss, der aber nicht automatisch sofort wirksam ist, sondern es gilt, eine einmonatige Rechtsmittelfrist abzuwarten, in der du theoretisch noch überlegen kannst, ob du wirklich geschieden werden willst. Darauf kann man aber beim Gerichtstermin verzichten. Dann bist du schon am Tag des Scheidungstermins rechtskräftig geschieden – hurra!

Wichtig:

Warst du bislang familienversichert, musst du spätestens im Monat nach dem Scheidungstermin – und ohne Rechtsmittelverzicht – mit dem Scheidungsbeschluss eine eigene Krankenversicherung abschließen, da du sonst ab dem Tag der Rechtskraft der Scheidung nicht mehr krankenversichert bist.

Profi-Tipp:
Nur der Versorgungsausgleich muss zwingend mit der Scheidung zusammen durchgeführt werden. Alle anderen Verfahren wie Unterhalt, Sorgerecht oder Umgang werden in der Regel in gesonderten Verfahren behandelt.
Möchtest du den günstigen Trennungsunterhaltsanspruch verlängern oder den anderen Ehegatten ärgern, der vielleicht schnell geschieden werden will, dann kannst du einen sogenannten „Verbundantrag“ stellen. Das heißt, du kannst das gerichtliche Verfahren für den nachehelichen Unterhalt, den Zugewinnausgleichsanspruch oder in besonders kühnen Fällen ein Umgangsverfahren mit dem Scheidungsverfahren verbinden, was zur Folge hat, dass die Scheidung so lange nicht ausgesprochen wird, bis auch diese sogenannten Verbundverfahren abgeschlossen sind – mit einer minutiös ausgearbeiteten Taktung können das Jahre sein! Lediglich beim Umgang muss das Gericht das für sinnvoll halten, bei den anderen beiden Verfahren funktioniert das aber auf jeden Fall.

Härtefallscheidung

Wie du nun weißt, ist für eine Scheidung grundsätzlich ein einjähriges Trennungsjahr erforderlich. Betrachtet man die menschliche Natur liebevoll, aber auch realistisch, ist das eine zutiefst sinnvolle Regelung, da Menschen für gewisse Entscheidungen – insbesondere wichtige Entscheidungen – einfach mehr Zeit brauchen und man ihnen nicht unbedingt einen Gefallen tut, wenn man sie einfach so aus dem Bauch und/oder der Wut heraus machen lässt. Dies gilt auch für die Scheidung, die nicht nur das nach außen hin sichtbare Zeichen des Endes einer Liebe ist, sondern auch diverse rechtliche Folgen hat, die man im Eifer des Gefechts nicht immer spontan überblickt: Menschen streiten sich furchtbar, wollen sich sofort scheiden lassen, gehen schnellstmöglich zum Anwalt, aber dann wird es wieder besser und sie kommen ins Überlegen, welche Folgen das haben könnte, was mit den Kindern wäre und wie man das alles finanziert: Und plötzlich fällt ihnen wieder ein, dass es ja auch schön war mit dem Ehegatten, und sie versuchen es erst mal mit Gesprächen und dann auch oft noch mal mit einem anderen … Es findet also nicht so stringent sein Ende, wie es in der hitzigen Phase des Streites manchmal gewünscht und gesagt wurde.

Wer länger im Familienrecht tätig ist, kennt diese Szenarien, wenn sonntags nachts um 3 Uhr Mails mit der Bitte um Kontaktaufnahme wegen eines Beratungsgesprächs geschrieben werden, der Termin ein oder zwei Wochen später findet noch statt, aber dann haben sich viele noch mal zusammengesetzt und brauchen Zeit für weitere Überlegungen. Daher ist diese Regelung des Gesetzes wirklich sinnvoll.

Nach § 1565 Abs. 2 BGB kann in Ausnahmefällen von dieser Regelung abgewichen werden, wenn die Einhaltung des Trennungsjahres und bis dahin die Fortführung der Ehe für einen Ehegatten schlichtweg unmöglich ist und eine unzumutbare Härte darstellen würde. Dabei kommt es nicht auf die gefühlte Härte an, sondern es handelt sich um einen absoluten Ausnahmetatbestand, bei dem folgende Voraussetzungen vorliegen müssen:

- Die Ehe muss gescheitert sein.
- Das Fortbestehen stellt für den Antragsteller eine unzumutbare Härte dar.
- Die Gründe dafür liegen beim anderen Ehegatten.
- Die Gründe für die Annahme einer unzumutbaren Härte müssen beweisbar sein.

Liegen diese Voraussetzungen vor, kannst du sofort, also ohne Abwarten des Trennungsjahres, einen Scheidungsantrag stellen. Da es sich um einen Ausnahmetatbestand handelt, müssen besondere

Gründe vorliegen, damit ein solcher „Härtefall“ angenommen werden kann. Der Strauß der gerichtlichen Entscheidungen, die dafür genügen können, ist bunt:

- Misshandlungen des Ehegatten und anderer Familienangehöriger
- schwere Beleidigungen und Ehrverletzungen
- Aufnahme einer Tätigkeit als Prostituierte
- unter Umständen mehrfaches Aussperren des Ehegatten aus der gemeinsamen Wohnung
- öffentlich gelebte außereheliche Beziehung
- Tötungsverdacht der Eltern des Ehegatten
- Geschlechtsverkehr mit der Stieftochter
- Drohungen, den Ehegatten zu töten (gegenüber Dritten geäußert)
- Verhältnis mit Schwager/Schwägerin
- Missbrauch des Kindes

Aber: Allein Fremdgehen ist in der Regel kein Grund, der zu einer Härtefallscheidung berechtigen würde. Kommen andere Tatsachen wie das Zusammenleben mit dem neuen Partner in der ehemaligen Ehewohnung hinzu, kann das schon anders aussehen. Jede Konstellation muss auf jeden Fall genau betrachtet werden. So wurde beispielsweise das Antreffen des Ehemannes mit mehreren Frauen gleichzeitig beim Sex im eigenen Schlafzimmer als nicht ausreichender Grund erachtet. Auch die „normalen“ Lieblosigkeiten, wie sie nach vielen Jahren in diversen Ehen anzutreffen sind, berechtigen nicht zu einer Härtefallscheidung.

In meiner beruflichen Laufbahn habe ich nur einmal einen solchen Antrag gestellt, der vom Gericht als ausreichend unzumutbar angesehen wurde. Dabei handelte es sich um einen Fall, bei dem die Ehefrau nachweislich über einen Zeitraum von rund sechs Monaten jeden Morgen vom Ehemann an die Heizung der gemeinsamen Wohnung gekettet und erst nachmittags, wenn er von der Arbeit zurückkam, wieder losgelöst wurde. Der Frau war es irgendwann gelungen, sich selbst zu befreien und über den Balkon in der dritten Etage in die Nachbarwohnung zu klettern. So konnte sie aus ihrer misslichen Lage und ihrer Ehe befreit werden. Du siehst also: Erheblichkeit des Fehlverhaltens des anderen Ehegatten ist wichtig!

Das Verfahren unterscheidet sich nicht groß vom normalen Scheidungsverfahren, nur dass im Antrag bereits sämtliche Gründe dargelegt und nachgewiesen werden müssen. Wenn das Gericht die genannten Gründe nicht nachvollziehen kann, geht ein solcher Antrag in ein normales Scheidungsverfahren über. Teilt das Gericht deine Auffassung, dass der Fortbestand der Ehe bis zum Ablauf des Trennungsjahres nicht zumutbar ist, kann es nach ausgiebiger Prüfung einen Scheidungsbeschluss erlassen. Das kann allerdings einige Monate dauern.

Die Härtefallklausel

Die Härtefallscheidung kennen viele, obwohl sie fast nie zur Anwendung kommt, weil das Gesetz eine andere Auffassung von unerträglicher Härte hat als wir alle.

Nach der Härtefallklausel des § 1568 BGB wird eine Scheidung nicht ausgesprochen, wenn sie aufgrund außergewöhnlicher Umstände eine außergewöhnliche Härte für den Antragsgegner (also den Ehegatten, der die Scheidung nicht beantragt hat) darstellen würde und eine Fortführung der Ehe auch unter Berücksichtigung der Belange des Antragstellers ausnahmsweise geboten erscheint. Dieses Argument wird gelegentlich bei Scheidungen mit Migrationshintergrund vorgebracht, mit dem Hinweis, dass eine Rückkehr ins Herkunftsland als „geschiedene Person“ zu sozialer Ausgrenzung oder Ächtung führen könne. Auch in solchen Fällen reicht diese Begründung für sich genommen jedoch nicht aus, um eine unzumutbare Härte im Sinne des Scheidungsrechts darzulegen.

Auch eine Ehefrau wollte sich auf die Härtefallklausel berufen. Sie hatte sich wegen des Alkoholismus ihres Mannes von ihm getrennt und wollte nicht mehr mit ihm zusammenleben, lehnte eine Scheidung jedoch ab. Sie begründete dies damit, dass sie sich bei einer erfolgreichen Therapie ihres Mannes eine Versöhnung noch vorstellen könne. Zudem leide sie an Depressionen und sei suizidgefährdet; eine Scheidung könne diesen Zustand verschlimmern.

Das Gericht sprach die Scheidung dennoch aus. Es führte aus, dass man sich nicht dauerhaft trennen, aber gleichzeitig die rechtlichen Folgen der Trennung vermeiden könne. Das Scheitern der Ehe sei bereits durch die Trennung eindeutig belegt (OLG Bamberg, Az. 7 UF 211/21). Zudem lägen keine objektiv außergewöhnlichen Umstände vor, sondern die Frau würde sich durch die Scheidung (die schließlich tausendmal jeden Tag irgendwo ausgesprochen wird) nur subjektiv besonders hart getroffen fühlen.

Merke:
Gefühlte Härte ist nicht immer hart!

Das Umgangsverfahren

Umgangsstreitigkeiten sind neben Scheidungen und Sorgerechtsverfahren die am dritthäufigsten gerichtlich zu entscheidenden familiengerichtlichen Verfahren. So wurden 2021 in Deutschland 161.375 Scheidungen, 150.032 Sorgerechtsverfahren und 45.699 Verfahren zum Umgang bearbeitet (Statistisches Bundesamt, Fachserie 10, Reihe 2.2.2021).

Einigen sich Eltern nicht über die Dauer oder Häufigkeit des Umgangs des getrenntlebenden Elternteils mit den Kindern, steht zunächst das Jugendamt als erster Ansprechpartner zur Verfügung. Dort sollte man entweder einen Beratungstermin unter Schilderung seines aktuellen Problems vereinbaren oder ein gemeinsames Elterngespräch, das idealerweise mit einer unter Moderation des Jugendamtes getroffenen Elternvereinbarung (die dann zum Zeichen der Verbindlichkeit unterschrieben wird) oder einer weiteren Beratung endet.

In der Realität sieht es aufgrund der menschlichen Natur und der Vielzahl der Konfliktmöglichkeiten jedoch so aus, dass diese Vereinbarung in vielen Fällen nicht tragfähig ist. Fordert der andere Elternteil mehr oder längeren Umgang, verlangt einen täglichen Telefontermin mit den Kindern, der aber den Tagesablauf stört und die Kinder durcheinanderbringt, oder möchte die Kinder ohne feste Terminvereinbarung sehen und abholen, ist eine zeitnahe Regelung durch das Familiengericht sinnvoll. Bist du der den Umgang begehrende Elternteil und bekommst ihn nicht, solltest du zeitnah einen Antrag auf Regelung des Umgangs stellen.

Möchte der andere Elternteil deutlich mehr Umgang, als es aus deiner Sicht dem Kindeswohl entspricht, kannst du selbst einen entsprechenden Antrag stellen – oder den Umgang zunächst nur in dem Umfang zulassen, den du nach sorgfältiger Abwägung, ggf. auch nach eigener Beratung, für sinnvoll hältst. Will der andere Elternteil darüber hinausgehenden Umgang durchsetzen, muss er die gewünschte Regelung beim Gericht beantragen. Das bedeutet für ihn Zeit- und Kostenaufwand, während du diesen Schritt zunächst nicht gehen musst.

Wurde so ein Umgangsantrag vom Gericht bearbeitet, erhält das Kind einen Verfahrensbeistand gemäß § 158 FamFG, der vom zuständigen Gericht bestellt wird und die Funktion eines „eigenen Anwalts“ für das Kind hat. Seine Aufgabe ist es, Gespräche mit den Eltern und insbesondere mit dem Kind zu führen, um die wirklichen Interessen des Kindes zu erforschen, und dann einen schriftlichen Bericht und eine Empfehlung an das Gericht zu übermitteln. Dabei handelt es sich in der Regel um Rechtsanwälte oder andere besonders geschulte Personen, die sich aus Überzeugung für diese Tätigkeit entschieden haben und vor denen man keine Angst haben muss, da sie in erster Linie für die Interessen des Kindes einstehen.

Nach über 25 Jahren Tätigkeit im Familienrecht möchte ich ausdrücklich darauf hinweisen, dass es sich keinesfalls um eine Kontrollinstanz im Sinne der „Supernanny“ handelt, die sich stunden- oder tageweise in deinem Haushalt aufhalten wird, um zu kontrollieren, ob du auch ausreichend erziehungskompetent bist! Genau das ist es nämlich, was viele befürchten. Vielmehr findet entweder ein Besuchstermin von bis zu 1,5 Stunden statt, oder wenn der Bericht eilt, reicht manchmal auch ein Telefongespräch mit einem der Elternteile, um dessen Standpunkt kennenzulernen.

Besteht kein Kontakt zum getrenntlebenden Elternteil, spielt der Zeitfaktor eine große Rolle. Gerade bei kleinen Kindern kann bereits ein Kontaktabbruch von wenigen Wochen aufgrund ihrer entwicklungsbedingten Zeitwahrnehmung wie ein gefühlter Zeitraum von Monaten oder sogar Jahren wirken. Dieser Tatsache trägt § 155 FamFG Rechnung. Danach gilt in Umgangssachen das sogenannte Beschleunigungsgebot: Ein erster Gerichtstermin soll spätestens vier Wochen nach Einleitung des Verfahrens stattfinden. Ziel ist es, den Umgang so schnell wie möglich wieder aufzunehmen, damit es nicht zu einer Entfremdung zwischen dem Kind und dem getrenntlebenden Elternteil kommt. Das klappt in der Praxis meist auch.

Zu diesem Gerichtstermin wird auch das Jugendamt geladen, damit es seine fachliche Meinung äußern kann, auch wenn im Vorfeld – bestenfalls nach Gesprächen mit den Eltern – bereits eine schriftliche Stellungnahme des Jugendamtes erstellt wurde.

Ziel einer jeden Umgangsverhandlung ist also die zeitnahe Regelung der Umgangskontakte. Sie kann entweder friedlich durch einen Vergleich der Eltern oder einen gerichtlichen Beschluss erfolgen.

Nach § 1684 Abs. 4 BGB kann der Umgang zunächst eingeschränkt werden, wenn dies aus Gründen des Kindeswohls erforderlich ist – etwa, um den Kontakt behutsam anzubahnen, zum Beispiel in Form von begleitetem Umgang. Ist aufgrund des bisherigen Vortrags der Eltern unklar, ob der umgangsberechtigte Elternteil die nötigen Fähigkeiten für den Umgang bereits sicher mitbringt, werden die Treffen für eine gewisse Zeit in einer Beratungsstelle oder ähnlichen Einrichtung durchgeführt. Sie werden dort von einer sozialpädagogischen Fachkraft begleitet, die den Umgang beobachtet und zum Schutz des Kindes bei Bedarf eingreifen kann.

Begleiteter Umgang zeigt oft sehr deutlich, wie hoch die tatsächliche Motivation des anderen Elternteils ist. Zu Beginn betonen viele noch, wie sehr sie ihr Kind lieben und wie häufig sie es sehen möchten – auch dann, wenn dieses Engagement während der Beziehung durchaus kaum sichtbar war. In der Praxis zeigt sich jedoch nicht selten, dass gerade diejenigen, die besonders viel fordern, es nicht schaffen, regelmäßig zu einem fest vereinbarten Termin für eine Stunde in die Einrichtung zu kommen. Manche brechen den begleiteten Umgang bereits nach wenigen Wochen ab, weil ihnen der Aufwand zu groß erscheint oder andere Termine wichtiger werden. Andere lehnen begleiteten Umgang grundsätzlich ab, weil sie den Rahmen als Einschränkung oder Kontrolle ihrer Elternrolle empfinden.

Dieses Verhalten wird dokumentiert und an das Gericht weitergegeben. Dadurch wird für das Gericht sichtbar, wie verlässlich und engagiert der umgangsberechtigte Elternteil tatsächlich ist – oder eben nicht.

Merke:
Sollte das Gericht dir einen begleiteten Umgang anbieten, solltest du ihn unbedingt annehmen, weil er nicht nur zum Wohl des Kindes, sondern indirekt auch zu deinem Wohl und Schutz ist.

Das Sorgerechtsverfahren

Das Sorgerechtsverfahren ähnelt dem Umgangsverfahren: Ein Elternteil beantragt in der Regel aus bestimmten Gründen die alleinige elterliche Sorge für ein oder mehrere Kinder. Meist geht es darum, dass man eine Zustimmung für das Kind zur Anmeldung im Kindergarten, in der Schule oder zu einer bestimmten Therapie benötigt, welche vom anderen aber verweigert wird. Neben der nach dem Gesetz verbindlichen Kindesanhörung durch den Richter werden auch Fachmeinungen vom Verfahrensbeistand (Anwalt des Kindes) und dem Jugendamt eingeholt.

Dabei solltest du wissen, dass auch sehr kleine Kinder und Säuglinge vom Gericht angehört werden *müssen*. Entweder übernimmt das das Gericht oder es beauftragt einen Verfahrensbeistand für das Kind. Ist ein Kind sehr klein und kann sich noch nicht artikulieren, erscheint dies wenig sinnvoll, weil es keine neuen Erkenntnisse bringen kann. Manchmal wollen kleine Kinder nicht einmal ohne die Mutter in den Sitzungssaal gehen, und dann wird es auch nicht weiter versucht. Dennoch ist es gesetzlich vorgeschrieben, weswegen es so gehandhabt werden muss. Hierfür hat das Gericht keine andere Handhabe, also sei bitte nicht irritiert.

Das Zugewinnverfahren

Das Verfahren zur Geltendmachung deines Zugewinns wird erforderlich, wenn du und dein Ex-Partner keine Einigung über den Ausgleich des Zugewinns in der Ehe treffen können.

Seid ihr beide gutwillig, könnt ihr – getrennt oder gemeinsam – auflisten, wie viel Vermögen jeder von euch am Anfang der Ehe hatte, und addiert, was er im Laufe der Ehe durch Schenkungen Dritter oder Erbschaft dazugewonnen hat. Dann wird dieser Betrag (das sog. Anfangsvermögen) vom Vermögen am Ende der Ehe (sog. Endvermögen) unter Berücksichtigung von noch bestehenden Schulden abgezogen. Wenn der ermittelte Vermögensüberschuss auf Seiten eines Ehegatten höher ist, muss dieser dem anderen hälftig ausgleichen werden. Nimmt dies ein Anwalt für euch vor, wird das Anfangsvermögen richtigerweise noch indexiert, also auf den Wert zum Zeitpunkt des Scheidungsantrages hochgerechnet, um inflationsbedingte Wertverluste zwischen der Hochzeit und dem Scheidungsantrag auszugleichen.

Paaren gelingt es durchaus, sich dafür auf bestimmte Zeitpunkte zu einigen, die sich nicht unbedingt mit den gesetzlichen Vorgaben decken. Was auch völlig okay ist, weil ihr euch einig seid. Stellt sich dein Ehegatte jedoch quer – oder ganz massiv quer, weil es sich um „sein" Geld handelt –, fordert dein Anwalt die Auskünfte zu den Stichtagen (Hochzeit, Trennungstag und Zustellung des Scheidungsantrags) bei der Gegenseite an. Dazu stehen dir übrigens auch Belege wie Kontoauszüge zu. Das ist besonders beim Anfangsvermögen wichtig, weil manchmal viel dazugedichtet wird, was aber nach deinem Kenntnisstand im Anfangsvermögen nie da war.

Erinnere dich: Ein höheres Anfangsvermögen bedeutet weniger Zugewinn. Das ist nicht gut für deinen Mann, aber gut für dich, weil du dann im Vergleich zum Endvermögen weniger Vermögenswerte dazugewonnen hast und dadurch weniger zur Ausgleichung gebracht werden muss.

Ist der dir zustehende Zugewinn ermittelt, wird der Ehepartner vom Anwalt deines Vertrauens außergerichtlich zur Zahlung aufgefordert. Trifft diese Zahlung nicht innerhalb der gesetzten Frist ein, kann dein Anwalt einen Antrag auf Auszahlung deines Zugewinnausgleichsanspruchs auch gerichtlich stellen. Dann ist das Zugewinnverfahren wie jedes gerichtliche Verfahren im Zivilrecht, in dem geprüft wird, ob dir das, was du geltend machst, auch tatsächlich zusteht.

Beim Zugewinn ist es übrigens besonders wichtig, dass du möglichst früh gemeinsam mit deinem Anwalt eine Proberechnung machst. Mit meinen Mandanten tue ich dies meist schon überschlägig in der Erstberatung, weil das für die Strategie besonders wichtig ist. Habt ihr zum Beispiel während der Ehezeit eine Immobilie gemeinsam erworben oder hat dein Ehegatte dir freiwillig die Hälfte seiner Immobilie oder einen Teil seines Unternehmens übertragen, kann es sein, dass du ihm gegenüber zum Ausgleich des Zugewinns verpflichtet bist, wenn du zusätzlich weiteren Zugewinn hattest. In diesen Fällen ist es natürlich nicht so schlau, den Zugewinn untersuchen zu wollen, weil du ihm dann etwas zahlen müsstest, was meist mit gewissen Liquiditätseinschränkungen einhergeht.

In solchen Fällen ist es empfehlenswert, sich im Hinblick auf den Zugewinn „totzustellen“ und ihm ganz gentlemanlike den ersten Schritt zu überlassen.

Die beste Strategie

Ich kann verstehen, dass du die Situation am liebsten friedlich klären würdest. Das solltest du auf jeden Fall versuchen, weil es würdevoll ist und deine Nerven und finanziellen Ressourcen schont. Es lohnt sich, das Gespräch zu suchen, das eigene, vielleicht verletzte Ego hintanzustellen und sachlich mit deinem Ehegatten zu besprechen, wie ihr z. B. die vorhandenen Konten aufteilen könnt (natürlich möglichst hälftig!) oder was mit der gemeinsamen Immobilie passieren soll (Verkauf oder Übernahme eines Miteigentumsanteils oder vielleicht eine kreative Zwischenlösung, um das Haus für die Kinder zu erhalten).

Leider ist das nicht immer möglich, weil es nach einer Trennung menschelt. Trotzdem müssen diverse Angelegenheiten schnell geklärt werden, weil du und dein Kind ja Geld brauchen und das Vermögen geklärt werden muss. Manchmal ist schnelles Handeln wichtig, um benachteiligendes Tun des anderen abzuwenden und deine Ansprüche zu sichern.

Versuche also, alles erst mal im Guten zu klären. Wenn du aber merkst, dass du so nicht weiterkommst, kann ein Gerichtsverfahren ein echter Gamechanger sein, um die Machtverhältnisse nach der Trennung zu deinen Gunsten zu verändern. Also scheue dich nicht, gerade wenn der Ex-Partner dir signalisiert, dass du ohnehin dumm bist, keine Rechte hast und er dir sowieso nie etwas zahlen wird.

Wichtig ist zunächst, dass du für dich klärst, was dein zentrales Ziel ist. Das kann etwa der Verbleib in einer Immobilie sein, möglichst viel Bargeld oder auch ein ganz anderes Anliegen. Ein Gerichtsverfahren kann dabei durchaus helfen, einen festgefahrenen Streit zu befrieden. Denn sobald ein Gericht verbindlich festlegt, welche Ansprüche dir zustehen – sei es in Geldfragen oder beim Umgang –, endet dieser Teil des Konflikts. Das Gesetz hat dann ein Machtwort gesprochen. Über diesen Punkt kann nicht weiter gestritten werden. Deine Ansprüche sind geklärt, und du kannst dich darauf verlassen, dass dir ein bestimmter Geldbetrag oder konkrete Rechte gerichtlich zugesprochen wurden.

Darüber hinaus hast du mit der richtigen Strategie die rechtlichen Möglichkeiten und einen großen Handlungsspielraum, deine Ansprüche zu gestalten. Davon möchte ich dir einige vorstellen, denn sie können dir bares Geld einbringen.

Versorgungsausgleich bei kurzer Ehe

Wart ihr unter drei Jahren verheiratet, findet der Versorgungsausgleich nur auf Antrag statt. War der Ex-Partner aber nach der Trennung sehr gemein zu dir und wurde bereits festgestellt, dass dir eine bestimmte Summe Trennungsunterhalt zusteht, kannst du die Ehezeit und damit auch die Zeit, in der Trennungsunterhalt zu zahlen ist, schon mal um acht bis elf Monate verlängern. Das bedeutet konkret: Du erhältst den Trennungsunterhalt für diesen Zeitraum zusätzlich. Bei einem monatlichen Unterhalt von z. B. 1.000 Euro ergeben sich so 8.000 bis 11.000 Euro mehr, ohne dass du dafür zusätzliche Verpflichtungen übernehmen musst.

Diese Strategie sollte allerdings sorgfältig geprüft werden, wenn du selbst monatlich deutlich mehr in die Altersvorsorge einzahlst – wobei es in solchen Fällen ohnehin eher unwahrscheinlich ist, dass dir Trennungsunterhalt zusteht. Vorsicht ist auch geboten, wenn der Ehemann keine oder nur geringe Rentenanwartschaften erworben hat, weil er zum Beispiel selbstständig ist und weder in die gesetzliche Rentenversicherung noch in eine private Altersvorsorge einzahlt. In diesen Konstellationen kann es dazu kommen, dass du eigene Rentenanwartschaften aus der Ehezeit abgeben musst. Dieser Verlust muss bei der wirtschaftlichen Abwägung gegen den Vorteil eines längeren Trennungsunterhalts unbedingt mit einkalkuliert werden.

Verbundverfahren

Normalerweise wird zusammen mit der Scheidung nur der Versorgungsausgleich durchgeführt, dann dauert die Scheidung insgesamt etwa neun bis zwölf Monate. Hast du besondere finanzielle Interessen, kannst du den Zugewinnausgleich mit der Scheidung verbinden, was noch mal mehrere Monate in Anspruch nimmt.

Ist das Scheidungsverfahren fast abgeschlossen, hast du die Möglichkeit, auch die Regelung des nachehelichen Unterhalts in den sogenannten Verbund aufzunehmen. Das führt regelmäßig dazu, dass sich das Verfahren noch einmal um mehrere Monate verlängert. Ist auch dieser Punkt weitgehend geklärt, kann theoretisch sogar noch ein Umgangsverfahren in den Verbund einbezogen werden. Die Folge ist eine weitere Verzögerung der Scheidung.

Am Ende bedeutet das: Bis zum rechtskräftigen Abschluss der Scheidung sind nicht nur alle für dich wichtigen Fragen geregelt, sondern du erhältst im besten Fall über einen längeren Zeitraum Trennungsunterhalt – mitunter über mehrere Jahre. Nach manchen Trennungen kann das als eine Art Ausgleich für die erlittenen Belastungen wichtig und richtig sein – oder zumindest befriedend, weil bis zum Abschluss aller Verfahren der Trennungsunterhalt an dich zu zahlen ist.

Auch kannst du auf die weitere Lebensgestaltung deines Ehegatten erheblich Einfluss nehmen, wenn der Ex-Partner z. B. wieder ein Kind bekommen hat und unbedingt eine neue Frau heiraten möchte. Das ist zwar nicht besonders ehrenhaft, aber deine höchstpersönliche strategische Entscheidung mit wirtschaftlicher Optimierung. Auch steigert es die Motivation deines Ex-Partners, endlich alle wichtigen Dinge mit dir zu regeln, weil er seine neue Lebensplanung umsetzen möchte.

Druck aufbauen

Wenn eine friedliche Klärung nicht möglich ist und du alles versucht hast, die Dinge außergerichtlich zu regeln, kann ein laufendes Gerichtsverfahren durchaus geeignet sein, auf Seiten des Ex-Partners Verständnis für die Mechanismen des Rechts und für deine Ansprüche zu schaffen. Zumal der Ex-Partner in der Regel anwaltlich vertreten sein muss.

Spätestens dann, wenn *sein* Anwalt ihm erklärt, dass vieles so nicht funktioniert, wie er sich das vorstellt, das Gericht aktiv wird, einen Termin zur mündlichen Verhandlung ansetzt und das Ganze für ihn spürbar Geld kostet, weil er „verliert", setzt bei manchen ein Umdenken ein. Aus Erfahrung kann ich dir sagen, dass sich aus einer vorherigen totalen Verweigerung dann durchaus produktive Lösungen entwickeln können. Hat der Ex-Partner erst einmal die schmerzhafte Erfahrung gemacht, dass er nicht mit all seinen Wünschen und Vorstellungen durchkommt, steigt zwar nicht unbedingt die Freundlichkeit dir gegenüber – wohl aber die Kooperationsbereitschaft.

Das gilt insbesondere bei schwierigen Trennungen, die sich sonst problemlos über mehrere Jahre hinziehen können. *Sei also mutig!*

Gesamtlösungen finden

Die Einleitung eines Gerichtsverfahrens kann deutlich machen, dass du es ernst meinst, wenn du an sinnvollen Gesamtlösungen interessiert bist, der Ex-Partner sich aber bislang überhaupt nicht bewegt hat.

So lassen sich etwa im Zugewinnverfahren auch Eigentumsverhältnisse an gemeinsamen Immobilien oder Fragen des nachehelichen Unterhalts mitregeln. In der Praxis kann das bedeuten, dass du auf einen Teil des Unterhalts verzichtest, dafür aber die Immobilie zu günstigeren Konditionen übernimmst – oder andere tragfähige Gesamtpakete geschnürt werden. Ebenso kann ein gerichtliches Verfahren den Raum für echte, ernsthafte außergerichtliche Verhandlungen eröffnen, weil plötzlich klar ist, dass Alternativen bestehen und Entscheidungen sonst von außen getroffen werden.

Überlege dir daher im Vorfeld gemeinsam mit deinem Anwalt, welche Ziele du verfolgst, und richte die Strategie konsequent danach aus. Vor gerichtlichen Verfahren musst du jedenfalls keine Angst haben.

Q & A: die häufigsten Probleme

Viele Frauen stehen nach einer Trennung vor ähnlichen Herausforderungen und Fragen – deshalb folgt hier ein kurzes Q & A mit den wichtigsten Antworten und Orientierungshilfen.

Was kann ich tun, wenn ich noch keinen Unterhalt bekomme?

Fordere deinen Ex-Partner zumindest per Mail oder WhatsApp auf, ab sofort Unterhalt an dich zu zahlen, und vereinbare einen Anwaltstermin. Zudem kannst du beim Jugendamt einen Antrag auf Unterhaltsvorschuss für dein Kind stellen.

Wenn du selbst kein Einkommen oder größeres Vermögen hast, beantrage öffentliche Leistungen für dich. Auch die Frau des Steuerberaters bekommt vorübergehend Leistungen vom Jobcenter, bis alles geklärt ist.

Welche Möglichkeiten zur Finanzierung eines Anwalts gibt es?

Verfügst du über kein Vermögen, kannst du dich an das Amtsgericht an deinem Wohnort wenden und dort einen Beratungshilfeschein für eine anwaltliche Beratung beantragen. Mit einem solchen Beratungshilfeschein erhältst du eine anwaltliche Beratung bei dem Anwalt deiner Wahl sowie gegebenenfalls ein Anschreiben an den Gegner. Der Anwalt erhält dafür rund 130 Euro, hinzu kommt eine Zuzahlung von 15 Euro von dir, die er dir aber erlassen kann.

Diesen Schein kannst du jedoch nur einmalig für einen Anwalt verwenden. Willst du ihn zurückhaben, um zu einem anderen Anwalt zu gehen, funktioniert das nicht. Dein Anwalt wird darüber in der Regel auch nicht begeistert sein, da dies bereits ein sehr geringes Entgelt für anwaltliche Arbeit ist.

Für gerichtliche Verfahren kannst du Verfahrenskostenhilfe über deinen Anwalt beantragen. Dabei stellst du deine aktuellen Einkommens- und Vermögensverhältnisse dar, belegst diese und kannst auch ein Schonvermögen von derzeit bis zu 10.000 Euro besitzen.

Verfügt dein Ex-Partner über ausreichendes Einkommen, kann dein Anwalt einen Antrag auf Verfahrenskostenvorschuss gegen deinen Ehegatten stellen. Der Verfahrenskostenvorschuss ist ein Teilbereich des Ehegattenunterhalts und dient nicht der Deckung deines allgemeinen Lebensbedarfs, sondern der Finanzierung deiner Prozessführung. Diesen kannst du beantragen, wenn ...

- ... du die Prozesskosten nicht aus eigenen Mitteln aufbringen kannst.
- ... dein Ehegatte über ausreichendes Einkommen verfügt und leistungsfähig ist.
- ... es sich um eine persönliche Angelegenheit von dir handelt (z. B. Unterhalts- oder Scheidungsverfahren, aber auch Schmerzensgeldklagen).
- ... eine gesetzliche Unterhaltspflicht besteht.
- ... das Verfahren eine ausreichende Aussicht auf Erfolg hat und nicht mutwillig ist (bei Scheidungs- und Trennungsunterhaltsverfahren fast immer gegeben).

Der Verfahrenskostenvorschuss wird einmalig außergerichtlich geltend gemacht – durch dich und/oder deinen Anwalt. Häufig passiert zunächst gar nichts, weil dieses Rechtsinstrument so unbekannt ist, dass viele Ehemänner nicht glauben, dass es das tatsächlich gibt: Du verlangst Geld, um ihn verklagen zu können. Die Reaktionen reichen nicht selten von Unglauben bis zur Infragestellung deiner geistigen Fähigkeiten.

Kommt innerhalb der gesetzten Frist keine Zahlung, wird der Anspruch gerichtlich geltend gemacht. Bestätigt das Gericht nach Prüfung und mündlicher Verhandlung deinen Anspruch, erhältst du das Geld und kannst damit das eigentliche Verfahren führen.

Auch dein Anwalt ist dann zuversichtlich, da er seine volle gesetzliche Vergütung erhält und nicht die reduzierte aus der Verfahrenskostenhilfe. Trotzdem erlebe ich häufig, dass Kollegen solche Anträge ungern stellen. Auch Richter sagen nicht selten, sie hätten solche Anträge noch nie oder schon lange nicht mehr entschieden. Dennoch: Es handelt sich um einen gesetzlichen Anspruch, der dir Geld spart – warum solltest du ihn also nicht nutzen?

Der eigentliche Spaß ist allerdings die Reaktion der Gegenseite: Aus Auslachen wird Ungläubigkeit, dann Staunen über die Wunder des Rechts, wenn das Gericht die Verpflichtung bestätigt. Danach ist die Gegenseite meist auffallend ruhig und schreibt in jedem anwaltlichen Schriftsatz, man könne die Angelegenheit doch auch „friedlich klären“. Allein dafür lohnt sich der Versuch oft schon.

Was muss ich zum Wohnen wissen?

Trennen sich Paare, möchte in der Regel keiner die Ehewohnung verlassen – und dann entsteht Streit.

Bist du verheiratet, schützt dich das Gesetz, weil es sich um die Ehewohnung handelt. Das gilt auch dann, wenn du den Mietvertrag nicht mit unterschrieben hast. Allein durch die Tatsache, dass ihr als Eheleute dort gemeinsam gewohnt habt, kannst du dir unter bestimmten Voraussetzungen die Wohnung zur alleinigen Nutzung zuweisen lassen – insbesondere, wenn du Kinder hast und diese durch einen Umzug zusätzlich belastet würden und deinem Ehegatten ein Umzug als alleinstehender Person eher zuzumuten ist.

Auf Antrag kann das Familiengericht einem Ehegatten die Wohnung für die Dauer des Getrenntlebens zuweisen, wenn eine unbillige Härte im Sinne von § 1361b BGB vorliegt. Gibt es Kinder, orientiert sich die Entscheidung regelmäßig am Kindeswohl; das Jugendamt wird eingeschaltet.

Verlasse daher nach einem Streit nicht voreilig mit den Kindern die Wohnung – du könntest dir sonst deine Chancen verspielen.

Was muss ich zu den Kosten des Umgangs wissen?

Grundsätzlich trägt der umgangsberechtigte Elternteil sämtliche Kosten des Umgangs: Hin- und Rückreise, Transport des Kindes, Verpflegung, Übernachtungskosten sowie Freizeitkosten wie Kino, Freizeitpark, Popcorn, Cola oder Pizza. Das gilt auch bei beengten wirtschaftlichen Verhältnissen, da das Kindergeld seit 2008 anteilig auf beide Elternteile angerechnet wird.

Zieht jedoch z. B. die Mutter weit weg, sodass regelmäßige Anreisen nur mit Bahn oder Flugzeug möglich sind, kann es anders aussehen: Fahrtkosten können anteilig vom Nettoeinkommen abgezogen werden oder der Kindesunterhalt wird aus einer niedrigeren Einkommensgruppe berechnet.

Sind beide Eltern wirtschaftlich schwach aufgestellt, kann auch eine Mitwirkung der Kindesmutter erforderlich sein, etwa indem sie das Kind bis zu einer gewissen Entfernung bringt. Eine vollständige Verweigerung jeglicher Mitwirkung kann sonst faktisch einer Umgangsvereitelung gleichkommen.

Achtung:
Fahrtkosten können nur über den hälftigen Kindergeldanteil hinaus und nur in Form von konkreten Kosten für Benzin oder Fahrkarten abgezogen werden, nicht aber als Kilometerpauschale.

Wer muss aus der Ehewohnung ausziehen (bei kinderlosen Ehepaaren)?

Bei Trennung ist es manchmal so, dass beide Parteien sich zwar trennen wollen, aber keiner ausziehen möchte, weil stressig, unbequem, aus Prinzip oder einfach so. Gibt es Kinder, spielt das Kindeswohl eine maßgebliche Rolle für die gerichtliche Zuweisung. Sind keine Kinder (mehr) da, gelten andere Kriterien. Neben Gesundheitszustand und Alter wird geprüft,

- welcher Ehegatte ggf. schon länger dort gewohnt hat,
- wer den kürzeren Arbeitsweg hat,
- wer im Wohnviertel soziale Kontakte pflegt,
- wer besondere Eigenleistungen erbracht hat,
- wer nahe Angehörige pflegt.

Das OLG Brandenburg hat klargestellt, dass es unerheblich ist, warum sich die Eheleute getrennt haben oder ob jemand früher einmal angekündigt hat, auszuziehen (Az. 13 UF 73/21).

Ist eine Wohnungszuweisung auch nach der Scheidung möglich?

Eine Wohnungszuweisung ist nicht nur für die Zeit nach der Trennung möglich, sondern auch für die Zeit nach der Scheidung! Die Wohnungszuweisung für die Zeit nach der Scheidung richtet sich nicht nach § 1361b BGB, sondern nach § 1568a BGB. Hintergrund ist, dass das Gesetz die Möglichkeit zur Versöhnung während des Trennungsjahrs fördern möchte und erkannt hat, dass eine Auszeit sinnvoll sein kann. Kommt es trotz Auszeit zur Scheidung, müssen folgende Voraussetzungen für eine Alleinzuweisung der Wohnung vorliegen:

- Es muss sich um die Wohnung handeln, in der ihr **während der Ehe gemeinsam gelebt** habt.
- Das Gericht schaut, wer die Wohnung dringender braucht. Hier sind wieder die starken Interessen der Kinder wichtig!

Da die Wohnungszuweisung nach § 1568a BGB endgültig ist, hat der Gesetzgeber besondere Regeln vorgesehen, wenn Eigentum an der Ehewohnung besteht.

Gehört die Ehewohnung (oder das Grundstück) nur einem Ehegatten – oder ihm gemeinsam mit einem Dritten –, wird die Wohnung in der Regel diesem Eigentümer zugewiesen. Der Gedanke dahinter ist einfach: Wer Eigentümer ist, soll sein Eigentum grundsätzlich auch weiter nutzen dürfen. Der andere Ehegatte, der kein Eigentum an der Wohnung hat, kann die Überlassung nur dann verlangen, wenn dies erforderlich ist, um eine unbillige Härte zu vermeiden. Eine solche unbillige Härte liegt nur in Ausnahmefällen vor, etwa wenn ein sofortiger Auszug für ihn oder für gemeinsame Kinder mit gravierenden Nachteilen verbunden wäre.

Sind dagegen beide Ehegatten Miteigentümer, gibt es keine klare Vorrangregel. Dann wird es tatsächlich kompliziert: Das Gericht muss erneut alle Umstände des Einzelfalls gegeneinander abwägen.

Wie ist das Umgangsrecht der Großeltern geregelt?

Nach § 1685 BGB haben Großeltern – zumindest theoretisch – seit 1998 ein Recht auf Umgang mit ihren Enkelkindern. Voraussetzungen dafür sind eine Bindung zum Kind, und die Aufrechterhaltung muss für die kindliche Entwicklung förderlich sein. Klingt einfach, sieht aber in der Realität oft ganz anders aus.

Das Gericht ordnet einen solchen Umgang in der Regel nicht an, wenn die Gefahr besteht, dass das Kind durch den bestehenden Konflikt zwischen Eltern und Großeltern in einen Loyalitätskonflikt gerät.

Müssen Großeltern ihren Umgang mit den Enkeln durch einen gerichtlichen Antrag „einklagen", zeigt das regelmäßig bereits, dass erhebliche Spannungen bestehen. Genau diese Konfliktlage wird von den Gerichten dann häufig als Argument herangezogen, um den Großelternumgang nicht anzuordnen – denn ohne Streit wäre ein gerichtliches Verfahren in der Regel gar nicht erforderlich.

Auch muss ein Elternteil nur renitent genug dagegen sein und viele Gründe nennen, die dagegensprechen, dann ist das Ding durch. Also wird der Umgang für Großeltern fast nie vom Gericht beschlossen.

Jetzt soll eine Gesetzesreform ein eigenes Recht der Kinder auf Umgang begründen. Aber so weit ist es noch nicht. Zudem muss zuvor der Umgang mit dem anderen Elternteil geklärt sein, da sonst die

Gefahr eines Missbrauchs besteht (weil der andere Elternteil die Kinder dann ja bei den Großeltern sehen könnte).

Hast du also aus nachvollziehbaren Gründen einen andauernden Konflikt mit den Großeltern, kannst du in der Regel davon ausgehen, dass ein gerichtlich angeordnetes Umgangsrecht für sie nicht ausgesprochen wird.

Was ändert sich bei Trennung und Scheidung in puncto Steuern?

In dem Jahr, das auf die Trennung folgt, muss die Steuerklasse geändert werden. Im Chaos einer Trennung ist das jedoch oft nicht präsent. Unabhängig davon, wann ihr euch getrennt habt, gilt: Ab dem 01.01. des Folgejahres ist die Steuerklasse auf Steuerklasse 1 anzupassen.

Hattest du zuvor die ungünstigere Steuerklasse, bedeutet die Änderung zunächst ein höheres Nettoeinkommen für dich. Gleichzeitig kann sich jedoch die Höhe des Unterhalts verringern, da auch der Ex-Partner netto weniger zur Verfügung hat und sich seine Leistungsfähigkeit verschlechtert. Wie viel Unterhalt dann konkret geschuldet ist, berechnet dein Anwalt.

Vorsicht ist auch bei der Übertragung von Miteigentumsanteilen an der ehelichen Immobilie geboten: Wer eine Immobilie vor Ablauf von zehn Jahren veräußert, muss nach § 23 EStG Spekulationssteuer zahlen. Gerade Immobilien, die im Zusammenhang mit der Eheschließung erworben wurden, überschreiten diese Frist häufig nicht.

Daher enthält § 23 Abs. 1 Satz 1 Nr. 3 EStG eine Ausnahme, nach der keine Spekulationssteuer anfällt, wenn der Veräußerer die Immobilie ausschließlich zu eigenen Wohnzwecken genutzt hat oder sie im Jahr der Veräußerung und in den beiden vorangegangenen Jahren selbst bewohnt hat. Übersetzt bedeutet das: Der Ehegatte, der die Immobilie verkauft, muss nach der Trennung selbst dort gewohnt haben, damit keine Spekulationssteuer anfällt.

Ziehst du nach der Trennung aus und überträgst erst zwei Jahre später deinen Miteigentumsanteil auf den in der Immobilie verbliebenen Ehegatten oder verkauft ihr an einen Dritten, kann es sein, dass Spekulationssteuer anfällt. Aufgrund dieses Risikos solltest du das Thema unbedingt mit deinem Steuerberater besprechen. Alternativ fällt keine Spekulationssteuer an, wenn du die Immobilie einem steuerlich zu berücksichtigenden Kind unentgeltlich zur Nutzung überlässt (BFH, Az. X R 94/91).

Ganz besonders schlaue Sparfüchse kommen gelegentlich auf die kreative Idee, die Ex-Frau mit einem Kind im ehemals gemeinsamen Haus wohnen zu lassen, obwohl man im Rahmen von Trennung und Scheidung die Haushälfte der Frau gerade erst übernommen hat. Zusätzlich spart man dann möglicherweise noch Betreuungsunterhalt und deklariert das Ganze als Eigennutzung, die von der Steuerpflicht befreien soll.

Gern wird dies in der Klage mit Verweis auf Art. 6 GG begründet und mit einem kinderpsychologischen Gutachten garniert (wofür auch immer). Hilft aber nicht. Das FG Münster hat erneut klargestellt, dass „Nutzung zu eigenen Wohnzwecken" bedeutet, dass der Steuerpflichtige selbst in der Immobilie wohnt – oder seine Kinder, nicht aber der betreuende Ex-Partner.

Auch darf ein Nutzungsrecht der Kinder nicht auf den betreuenden Elternteil ausgedehnt werden, erst recht nicht, wenn diesem vertraglich ein eigenes Nutzungsrecht eingeräumt wurde. In diesen Fällen greift der Ausnahmetatbestand der Steuerfreiheit nach § 23 EStG nicht (FG Münster, Az. 8 K 19/20 E).

Folge:
Man muss für das ganze Haus Spekulationssteuer zahlen, auch wenn man schon vor Trennung eine Hälfte besessen hat, und das kann richtig teuer werden. Frage also unbedingt deinen Steuerberater, ob du Spekulationssteuer zahlen musst, wenn du eine Immobilie nach der Trennung an den Ex-Partner übertragen möchtest, damit du keine bösen Überraschungen erlebst.

Wie funktioniert die Hausratstrennung?

Der Hausrat umfasst sämtliche Gegenstände, die Eheleute zur gemeinsamen Nutzung vor oder in der Ehe angeschafft haben. Dinge, die nur ein Ehegatte benutzt (z. B. Motorrad) oder vor der Ehe besessen hat, sind kein Hausrat – auch wenn man sie dann gemeinsam benutzt hat. Da man normalerweise nicht alles doppelt besitzt, sollen diese nach der Trennung und gegebenenfalls auch nach der Scheidung den getrennten Eheleuten zugeteilt werden.

Die Hausratsteilung umfasst die gerechte Verteilung von Haushaltsgegenständen, Möbeln, Elektronikgeräten und anderen persönlichen Besitztümern, die während der Beziehung erworben und benutzt worden sind. Dabei ist zu empfehlen, eine Inventarliste zu erstellen, um den Überblick zu behalten. Bei Uneinigkeiten können die Parteien versuchen, eine Einigung durch Verhandlungen zu erzielen, oder im schlimmsten Fall kann ein Gerichtsverfahren erforderlich sein, um die Hausratsteilung zu regeln.

Die Idee ist, die Gegenstände ungefähr nach ihrem Wert aufzuteilen, sodass jeder Ehepartner insgesamt etwa die Hälfte des Hausrats erhält. Maßgeblich ist dabei nicht der ursprüngliche Kaufpreis, sondern der Wert der Gegenstände zum Zeitpunkt der Trennung. Nur in Ausnahmefällen kann ein Gericht anordnen, dass ein Ehepartner dem anderen einen finanziellen Ausgleich zahlen muss.

Auch wenn verständlicherweise manche Gegenstände – wie zum Beispiel das früher gemeinsam genutzte Ehebett – von beiden Ehepartnern nicht mehr gewollt sind, sieht das Gesetz keine gesonderte Ausgleichszahlung dafür vor. Eine Art Abfindung für einzelne Gegenstände ist bei der Aufteilung des Hausrats nicht vorgesehen (OLG Köln, Beschluss vom 11.09.2009, Az. 4 WF 89/09).

Wenn man eine Haushaltsliste sorgsam erstellt, ist es oft verwunderlich, was alles zusammenkommt: Handtücher, Bettwäsche, Gläser, Tupperdosen, eine Kerzensammlung, Mehrfachstecker oder der Oster- und Weihnachtsschmuck. Aktuell habe ich gerade eine Hausratsliste auf dem Tisch, in die der Ehemann auch drei Toilettenbürsten eingetragen hat. Sachlich und rechtlich sicher richtig, aber dennoch ungewöhnlich … Ich bin mir ganz sicher: Darauf kann man gern verzichten!

Welche Rechte habe ich bei der Herausgabe von Unterlagen nach der Trennung?

Nach der Trennung streiten sich zuvor leidenschaftlich liebende Paare mit großer Begeisterung, und zwar nicht nur um Teller, Tassen, Töpfe, Kinder und überhaupt, sondern auch über die Herausgabe des Familienstammbuches. Das Familienstammbuch ist nicht nur ein schnöder Gegenstand, sondern ein Haushaltsgegenstand, der nicht im Alleineigentum eines Ehegatten steht! Vor allem kann der Besitz des Stammbuches bares Geld bedeuten: Wird zum Beispiel Trennungsunterhalt gezahlt, zählt jeder einzelne Monat. Wenn dann die Heiratsurkunde, die dem Gericht zusammen mit dem Scheidungsantrag vorgelegt werden muss, nicht vorhanden ist oder nicht gefunden wird, kann das schnell bedeuten, dass man drei Monate länger Trennungsunterhalt zahlen oder erhalten muss.

Möchte ein Ehegatte zum Beispiel zwecks Einleitung des Scheidungsverfahrens oder zur Vorlage bei Behörden für eine neue Eheschließung die Heiratsurkunde haben und weist er insoweit ein berechtigtes Interesse nach, so musst du sie ihm herausgeben (OLG Zweibrücken, Az. 2 UF 152/22). So sagt es das Gesetz, aber bis so ein Antrag vom Gericht beschieden ist, kann es wieder gut und gern drei bis vier Monate dauern.

Ich favorisiere und empfehle die praktische Lösung: Geht das Stammbuch inklusive Heiratsurkunde im Umzugs- und Trennungschaos wirklich verloren oder kann nicht aufgefunden werden, verzweifle nicht: Du kannst gegen eine kleine Gebühr Kopien der Heiratsurkunde beim Standesamt bekommen. Gehören Unterlagen wie z. B. Schulzeugnisse oder Arbeitspapiere nachweislich nur einem der Ehegatten, gilt es natürlich, diese zeitnah zurückzugeben.

Was mache ich bei eigenmächtiger Kürzung des Unterhaltes?

Immer wieder kommt es vor, dass Väter den Unterhalt kürzen, wenn das Kind jedes zweite Wochenende oder in den Ferien ein bis drei Wochen bei ihnen ist. Doch das dürfen sie nicht! Denn diese Kosten sind in den Bedarfssätzen der Düsseldorfer Tabelle bereits enthalten.

Eine eigenmächtige Kürzung des Unterhaltes ist nur dann möglich, wenn sich das Kind regelmäßig überdurchschnittlich häufig beim Umgangsberechtigten aufhält. Aber: Bei Hartz IV (heute heißt das Bürgergeld) können diese Eltern einen Umgangskostenzuschuss beim Jobcenter beantragen (Verwaltungsgericht Schleswig, NJW 2003, 79) oder einen Antrag stellen, dass für das Kind für die Dauer seines Besuchs beim SGB-II-beziehenden Elternteil tageweise Sozialgeld gezahlt wird. Den Antrag kann der „Besuchs"-Elternteil selbst stellen (BSG FamRZ 2014, 126). Ist das Kind länger als drei Monate dort oder hält es sich zum Beispiel im Rahmen eines Schüleraustausches im Ausland auf, kann die Situation allerdings anders aussehen.

Wie lautet die Rechtslage bei Schenkungen der Schwiegereltern?

Grundsätzlich schenken Schwiegereltern einem etwas, weil sie davon ausgehen, dass man mit ihrem Kind auf immer und ewig zusammenbleibt. Im Leben kommt es jedoch manchmal anders.

Geklagt hatte kürzlich eine Schwiegermutter, weil sich die Frau nach 20 Jahren getrennt hatte. Sie behauptete, dass sie die Schenkung des Hauses nur getätigt hätte, weil sie davon ausgegangen sei, dass die Ehe für immer halten würde. Das OLG Frankfurt (Az. 6 UF 67/20) hat daraufhin entschieden, dass die Schwiegermutter wohl wirklich davon ausging, dass die gemeinsame Nutzung des Hauses von gewisser Dauer sei. Eine gewisse Dauer dürfte aber bei einer gemeinsamen Nutzung über 20 Jahren erreicht sein. Das sieht auch der BGH (Az. X ZR 107/16) so. Von „lebenslänglich" bei einer Ehe auszugehen, sei zu viel, da man dies realistisch betrachten müsse.

Merke:
Man muss oft nichts zurückzahlen, weil nichts ewig hält - auch die Ehe nicht.

Wann kann eine günstige Überprüfung des Ehevertrages erfolgen?

Ein Ehevertrag kann angefochten werden, wenn einer der Ehegatten bei Vertragsschluss getäuscht oder bedroht wurde oder sich über den Inhalt seiner Erklärung geirrt hat. Dies gilt für alle Verträge, kommt aber eher selten vor.

Ein weiterer wichtiger Grund zur Überprüfung/Anpassung eines Ehevertrages liegt vor, wenn bei Vertragsschluss eine Imparität, also eine Ungleichheit, vorlag und der Vertrag daher sittenwidrig war. Der Scheidungsrichter hat nach § 26 FamFG die Amtsermittlungspflicht zu prüfen, ob ein vorgelegter Ehevertrag mit Ausschluss des Versorgungsausgleichs (§ 8 VerAusglG) der Ausübungs- und Inhaltskontrolle standhält.

Hält man seinen Ehevertrag für sittenwidrig, kann man das ansonsten im Rahmen der Beschwerde gegen den Scheidungsbeschluss mit vortragen – oder gleich im Scheidungsverfahren. Dann muss das Gericht sich damit auch ohne gesondertes Verfahren beschäftigen und innerhalb des Scheidungsverfahrens den Vertrag überprüfen.

Wie wird die Bewertung des Unternehmens des Ex-Partners vorgenommen?

Bei jeder Trennung von einem Unternehmer muss spätestens im Rahmen des Zugewinnausgleichs das Unternehmen als Vermögenswert berücksichtigt werden. Dabei ist nach § 1376 BGB der vollständige Wert des Unternehmens zum maßgeblichen Bewertungsstichtag zu ermitteln. Bei einvernehmlichem Vorgehen einigst du dich mit dem Ex-Partner auf eine Bewertungsmethode und vielleicht auch einen Gutachter. Dann wird ein Gutachten erstellt, und ihr habt einen reellen Unternehmenswert. Allerdings gilt es dabei, die fiktive Ertragssteuer abzuziehen, die anfallen würde, wenn das Unternehmen verkauft werden würde (BGH vom 17.11.2010, Az. XII ZR 170/09). Dieser Abzug der Ertragssteuer muss also auch vorgenommen werden, wenn es gar nicht verkauft wird.

Gern und häufig gestritten wird dann darüber, was das Unternehmen wirklich wert ist. Der Ausgleichspflichtige hat natürlich ein Interesse daran, den Wert möglichst gering zu halten; der andere eher nicht.

Für Unternehmensbewertungen gibt es mehrere Bewertungsansätze und -methoden: die Sachwertmethode, die Substanzwertmethode und gemischte Formen davon. Am beliebtesten ist die Substanzwertmethode: Der Wert des Unternehmens wird dabei aus den in der Bilanz ausgewiesenen Vermögenswerten ermittelt, also dem Umlauf- und Anlagevermögen. Dabei werden auch stille Reserven berücksichtigt. Von diesem Wert wird anschließend die voraussichtliche Steuerlast abgezogen. Zukünftige Einnahmen, das Know-how der Mitarbeiter oder der bestehende Kundenstamm werden dabei nicht berücksichtigt. Diese Methode eignet sich daher nicht für Unternehmen mit hohen Gewinnen und wenig Substanzwerten, da dies zu einer zu niedrigen Bewertung führt. Hat die Firma z. B. einen hohen Gewinn durch Dienstleistungen, wird aber nur mit fünf Laptops in einer Garage betrieben, ist diese Bewertung ungünstig.

Der BGH bevorzugt für die Bewertung von Unternehmen die Ertragswertmethode (Entscheidung vom 05.12.2018; Az. XII ZR 116/17). Dabei werden die Erträge der letzten Jahre ausgewertet, und basierend auf diesen Zahlen wird eine Prognose zur Ertragslage der nächsten Jahre erstellt. Das erscheint gerecht, da jedes Unternehmen nach seinen Erträgen bemessen und beurteilt wird.

Diese Methode stellt den Regelfall der Unternehmensbewertung dar, sie kommt bei kleineren Handwerks- oder Gewerbebetrieben, bei denen der Erfolg des Unternehmens maßgeblich von der Persönlichkeit und Person des Firmeninhabers abhängt, allerdings schnell an ihre Grenzen. Hat dieser in der Vergangenheit gute Erträge erzielt, ist es keinesfalls selbstverständlich, dass diese weiterhin erzielt werden können, wenn ein anderer das Unternehmen leitet. In einem solchen Fall ist eine starke Gewichtung des „Goodwills" darzustellen, was ohne Sachverständigengutachten kaum möglich ist. Auch bei Arztpraxen oder Rechtsanwaltskanzleien stellt der Goodwill einen entscheidenden Faktor dar, da man natürlich nur zu „seinem" Arzt oder Anwalt geht und ein Nachfolger nicht ohne Weiteres akzeptiert wird.

Bestehe auf jeden Fall darauf, dass ein standardisiertes, anerkanntes Bewertungsverfahren durchgeführt wird, auch wenn es vielleicht etwas teurer als ein Gutachten vom „befreundeten" Steuerberater ist. Lass dich unbedingt beraten, wenn etwas anderes vorgeschlagen wird!

Was gilt bei Fotos vom Kind beim Umgang?

Liebende Eltern machen gern Fotos von ihren Kindern und erfreuen sich daran. Wenn sie vernünftig sind, gehen sie auch achtsam mit der Privatsphäre und den Persönlichkeitsrechten des eigenen Kindes um. Allerdings wird dies nicht von allen Eltern so gehandhabt, denn manchmal geht es nur darum, der (sozial-medialen) Welt zu zeigen, was man für ein toller Vater und/oder Opfer der bösen Mutter ist, die XYZ macht und einen in seinen Vaterrechten angeblich verletzt.

So musste ich kürzlich einen Vater rechtlich rügen, der in einem sozialen Netzwerk Fotos seines Kindes veröffentlicht hatte. Er postete dazu völlig unzutreffend, dass er sein Kind seit zwei Jahren nicht mehr sehen, umarmen und küssen dürfe. Das Schändliche daran war, dass er es der Mutter anhängen wollte, in Wirklichkeit aber ein unmotivierter Mistkerl war, der trotz diverser Angebote den Umgang nicht wahrnehmen wollte, weil er angeblich „zu beschäftigt" sei.

In Zeiten von sozialen Medien sind Fotos wichtig und manchmal höchstes Gut, da man sich und sein Leben in der Öffentlichkeit damit so gut präsentieren kann. Daher streiten viele Eltern erbittert darum, denn mit attraktiven Kindern kann man nicht nur prima angeben, sondern auch die eigenen Qualitäten als liebevoller und fürsorglicher Elternteil öffentlich unter Beweis stellen. Die Rechtslage ist hier höchst kompliziert und richtet sich nach der zugrunde liegenden Umgangssituation. Diese kann wie folgt vorliegen:

Du bist rechtlicher Elternteil des Kindes und hast keinen Umgang mit dem Kind: Du kannst nur nach § 1686 BGB verlangen, dass dir aktuelle Fotos vom Kind geschickt werden.

Du bist rechtlicher Elternteil und hast Umgang: Nach § 1687a BGB darfst du während des Umgangs eigene Fotos vom Kind machen, aber nicht im Internet veröffentlichen, weil das bereits eine Angelegenheit von erheblicher Bedeutung für das Kind ist.

Du bist leiblicher Elternteil des Kindes, aber nicht rechtlicher: Du darfst vom Kind keine Fotos machen, sondern musst fragen und gegebenenfalls sogar gerichtlich beantragen, dass du während des Umgangs Fotos machen darfst. Wenn es dir nicht erlaubt wird, eigene Fotos vom Kind zu machen, hast du auch keinen Anspruch auf Zusendung von Fotos, so wie in Punkt 1 ausgeführt (OLG Karlsruhe, Az. 2 WF 22/23).

Merke:
Schütze dein Kind also vor unpassenden und unerwünschten Fotos, insbesondere, wenn damit Rechtsverletzungen einhergehen!

Wie kann ich auf Grenzüberschreitungen des Ex-Partners beim Umgang reagieren?

Besonders relevant wird das Thema Grenzen setzen beim Umgang, wenn sich der andere Elternteil trotz einer vorhandenen Umgangsregelung immer wieder unerlaubt an (öffentlichen) Orten aufhält und „ganz zufällig“ nicht nur dir auflauert, sondern vor allem dem Kind. Dies geschieht dann z. B. morgens auf dem Schulweg, in der Kindergartenpause am Zaun („Papa will doch nur ein Küsschen!“) oder beim Fußballtraining, weil er sich ja angeblich so dafür interessiert. Das Kind ist dadurch nicht nur aus seinem natürlichen Rhythmus gerissen, sondern auch oft mit diesen überfallartigen Situationen überfordert, weiß nicht, wie es sich verhalten soll oder möchte dies schlichtweg nicht. Besonders oft geschieht das, wenn der Ex-Partner nicht so viel Umgang bekommt, wie er möchte (nämlich am liebsten täglich), ungern Grenzen akzeptiert, dich einschüchtern oder belästigen möchte oder seine eigenen Interessen über alles andere stellt. Naturgemäß führt das Überschreiten solcher menschlichen und rechtlichen Grenzen zur Verunsicherung des Kindes.

Wenn ein Elternteil trotz Umgangsausschluss auf diese Art und Weise versucht, sich in das Leben des Kindes zu schleichen, kannst du im Rahmen des bisherigen Umgangsverfahrens ein komplettes und insbesondere vollstreckbares Kontaktaufnahmeverbot für diesen Elternteil beantragen und erwirken.

Das Oberlandesgericht Frankfurt hat in einer neuen Entscheidung sehr schön begründet, dass ein Kind sich gerade auf dem Schulweg oder in der Schule auf seine Schulkameraden oder auf den Unterricht konzentrieren muss (OLG Frankfurt, Az. 6 UF 151/23). Das könne es aber nicht, wenn der Elternteil überfallartig und ohne Absprache an diesen für das Kind wichtigen Orten erscheine. Es handele sich dabei keinesfalls um ein Kavaliersdelikt, sondern oft um den Beginn eines jahrelangen Kampfes. Lass das deinem Ex-Partner auf keinen Fall durchgehen, sondern reagiere sofort, da sich dieses Verhalten nie von allein bessern, sondern nur schlimmer wird.

Daneben gibt es auch Fälle, in denen der Ex-Partner trotz Vorliegens eines gerichtlichen Umgangstitels mit geregelten Umgangstagen und Zeiten das Kind nach der vereinbarten Zeit nicht oder nicht pünktlich zurückbringt – einfach, weil er es kann. Kommt das mehr als einmal vor, kommt man schnell auf die Idee, Zwangsgeld zu beantragen und den Ex-Partner bestrafen zu lassen, weil die Tage ja klar festgelegt sind. So einfach ist es leider nicht: Umgang im Sinne des § 1684 BGB umfasst alle Umgangsformen, also auch Telefonieren, zufällige Treffen oder sogar eine SMS oder einen Brief.

Möchtest du, dass an den übrigen Tagen kein Kontakt und kein Umgang stattfindet, und willst du dir die Möglichkeit offenhalten, ein Ordnungsgeld zu beantragen, weil dein Ex-Partner ohnehin Grenzen schlecht akzeptiert, musst du das bereits im gerichtlichen Vergleich ausdrücklich festhalten lassen. Konkret muss dort ein klares Verbot bzw. ein Umgangsausschluss aufgenommen werden. Geschieht das nicht, sind spätere Sanktionen nicht möglich.

Merke:
Auf jeden Fall ist aber erforderlich, dass der Hinweis nach § 89 II FamFG sich auch auf die Ausschlussanordnung bezieht!

Ist dein Ex-Partner jemand, der Absprachen regelmäßig überschreitet, solltest du die Regelung daher von Anfang an eindeutig und rechtssicher titulieren lassen, damit im Notfall ein Zwangsgeld beantragt werden kann.

Wie gehe ich mit Narzissten um?

Ich bin keine Psychologin, und du vermutlich auch nicht. Wir alle haben unbestritten kleine narzisstische Tendenzen, die nicht per se schädlich sind und manchmal sogar helfen, uns durch schwierige Lebensphasen zu bringen. Dennoch ist es Tatsache, dass manche Menschen deutlich mehr dieser narzisstischen Tendenzen haben als andere. Vielleicht hast du auch so ein Exemplar an deiner Seite, und es hat dir als Partnerin und Ehefrau in der Beziehung nicht gutgetan.

Der Begriff Narzissmus stammt aus der griechischen Mythologie und geht auf die Geschichte von Narziss zurück, der aufgrund seiner Schönheit viele Menschen anzog. Aus Stolz und Überheblichkeit wies er sie jedoch zurück. Der Überlieferung nach verliebte er sich schließlich an einer Wasserquelle in sein eigenes Spiegelbild und starb dort aus ungeklärten Gründen.

Umgangssprachlich wird Narzissmus heute meist mit Selbstverliebtheit oder Selbstbewunderung gleichgesetzt. Der Begriff sollte jedoch nicht unterschätzt werden, denn in ausgeprägter Form gilt Narzissmus als psychische Störung, die folglich auch im *Diagnostic and Statistical Manual of Mental Disorders* (diagnostischer und statistischer Leitfaden psychischer Störungen, kurz DSM) aufgeführt ist.

Ein Narzisst ist per Definition ein Mensch mit einem grandiosen, zugleich sehr verletzlichen Selbstbild, das ihn ständig nach Bestätigung durch andere suchen lässt. Nach außen wirken solche Menschen oft charismatisch, selbstbewusst oder erfolgreich. Tatsächlich überschätzen sie sich jedoch stark, zeigen kaum echtes Interesse an anderen und reagieren häufig abwertend, rücksichtslos und kalt. Narzissmus ist ein Phänomen, das inzwischen durch viele anwaltliche Akten geistert und mittlerweile so häufig auftritt, dass sich Psychiater und Psychologen auf die Behandlung haben.

Für die rechtliche Lösung deiner Herausforderungen im Trennungsprozess ist Narzissmus zwar nicht primär relevant und hat keinen unmittelbaren Einfluss auf die formale und rechtliche Durchsetzung deiner Ansprüche. Dennoch beeinflusst er die zu wählende Strategie, da mit narzisstischen Persönlichkeiten in der Regel kaum friedliche, einvernehmliche und verbindliche Regelungen der Trennungsfolgen zu erzielen sind.

Häufig besteht kein Interesse an einer Lösung, sondern vielmehr das Bedürfnis nach einer großen Bühne für die eigene Selbstdarstellung. Konstruktiv gemeinte Verhandlungen führen in solchen Fällen meist ins Leere, da eine Einigung zumindest von einer Seite nicht gewollt ist.

Was kann ich tun, wenn ich mit einem Narzissten zusammenlebe?

Findet dein Partner sich und sein Verhalten ständig großartig, zeigt dafür aber kaum entsprechende Leistung? Sind andere Menschen – auch du oder eure Freunde – für ihn weitgehend uninteressant? Sieht er sich selbst immer als Opfer, das alles richtig macht und trotzdem nie genug Anerkennung bekommt? Verlangt dein Partner ständig Bewunderung, reagiert aber auf kleinste Kritik extrem gekränkt?

Doch die eigentlich wichtige Frage lautet: *Wie geht man damit um?*

Es gibt Fachleute, die wissen, wie man mit einem Narzissten umgehen soll und wie man ihm sagen kann, dass er sich möglicherweise/vielleicht/eventuell einmal nicht zu hundert Prozent richtig verhalten hat, oder ihm erklären kann, dass auch du mal ein Bedürfnis hast oder gar etwas anderes möchtest als er. Ich bin unbedingt dafür, sich immer bei Spezialisten zu informieren, wie man am besten mit Narzissten umgehen kann. Doch vielleicht sollten wir genau diesen Ansatz einmal hinterfragen: *Warum sollte ich das tun?*

Tust du das, dreht es sich wieder nur um den anderen, der ständig Aufmerksamkeit sucht und braucht und dich abwertet und als Person nicht wahrnimmt. Du investierst weiterhin Zeit, Geld, Energie und Ressourcen und tanzt auch nach einer Trennung oder mit räumlichem Abstand noch um den Narzissten wie ums goldene Kalb herum. Er hingegen lebt weiterhin sein bestes Leben und bekommt es möglicherweise noch nicht mal mit. Wie blöd ist das denn?!

Die wichtigste Frage im Leben eines jeden Menschen sollte doch lauten: Was will *ich* eigentlich? Davon gibt es viele Varianten:

- Was brauche *ich*, damit es *mir* gut geht? Was sind *meine* Werte – und warum sollen die Werte eines anderen besser oder richtiger sein als meine?

- Warum sollte ich mich schlecht behandeln oder ständig kritisieren lassen? Warum sollte ein anderer Mensch dauerhaft das Recht haben, mich und mein Verhalten zu bewerten oder abzuwerten?

Ja, ich weiß: Wenn man wie ein Floh 24/7 um das Wohlergehen von Mann und Kindern zwischen Kita, Supermarkt, Kundengesprächen, Schulbetreuung, Fußballverein, Waschmaschine und Logopädie hopst und dem Partner auch noch abends den Rücken freihalten muss, da er ja arbeitet, verliert man schnell das Gefühl für sich. Der Ansatz für deine neue Zukunft könnte also sein, dass du folgende Fragen für dich beantwortest: Was macht *mir* Spaß? In wessen Gesellschaft fühle *ich* mich wohl? Was möchte *ich* machen?

Viele meiner Mandantinnen haben sich aus eigenen Stücken oder mit Unterstützung aus ihren schädlichen Beziehungen mit Narzissten befreit, indem sie genau das gemacht haben: sich selbst wieder in den Fokus zu rücken! Und jeder, wirklich jeder, ging es dann viel besser. Auch wenn es kein Spaziergang war. Das kannst auch *du!*

In der praktischen Abwicklung der Trennung mit einem Narzissten haben sich einige Verhaltensweisen bewährt:

Wenn du keine gemeinsamen Berührungspunkte nach der Trennung hast, bist du fein raus: gemeinsame Wohnung und Konto auflösen, die etwaigen gemeinsamen Freunde aufteilen und dann kannst du dein neues Leben angehen.

Habt ihr gemeinsame Kinder, ist es natürlich schlecht möglich, den Kontakt schlagartig abzubrechen oder zukünftig vollständig zu vermeiden. Je mehr du aber schriftlich absprichst und je weniger Kontakt du mit deinem Ex-Partner persönlich unterhältst, desto besser für dich, weil es ihm weniger Raum gibt, dich zu beschuldigen, dir Vorwürfe zu machen oder kurzfristig so nett zu dir zu sein, dass du anfängst, an dir zu zweifeln, ob du nicht doch überreagiert hast und er nicht doch der Mann deines Lebens sein könnte.

Lege also so schnell wie möglich – am besten beim Jugendamt – fest, wann dein Ex-Partner wie lange die Kinder betreut, wie viel Geld er zahlen muss und dass er nicht „mal eben“ vorbeikommen kann, wenn er in der Gegend ist.

Merke:
Bist du am Anfang zu nett und begrenzt die Kommunikation nicht, hast du verloren.

Narzissten überschreiten oft, gern und gewohnheitsmäßig Grenzen. Manchmal nur, um zu schauen, was da noch so bei dir so geht und inwieweit er dich (noch) dominieren kann. Notiere dir, wo deine Grenzen sind – und wie du sie schützen kannst.

Beschimpft er dich im Gespräch oder macht dir regelmäßig nach spätestens fünf Minuten Vorwürfe, dann halte nur schriftlichen Kontakt und/oder schick die Kinder bei der Übergabe zum Umgang an die Haustür. Auch kann eine kontaktlose Übergabe der Kinder in der Schule oder im Kindergarten sinnvoll sein. Holt der Ex-Partner die Kinder direkt dort ab, hast du schon einen weiteren Kontakt mit ihm vermieden.

Überschreitet er den rechtlich zulässigen Bereich und beschimpft, beleidigt oder bedroht dich, zögere nicht, rechtlich gegen ihn vorzugehen oder die Polizei einzuschalten. Er braucht starke Grenzen für sein Tun, damit er deine Grenzen respektieren kann.

Allerdings ist es auch wichtig, emotional auf Distanz zu ihm zu gehen. Steigst du in jedes Gespräch mit ihm ein, hat er schon gewonnen und genießt es innerlich. Regst du dich auf, rechtfertigst du dich, wirst emotional oder laut, dann ist sein Ziel erreicht. Bist du hingegen gefühlsmäßig langweilig, emotionslos und ohne sichtbare Regung, macht es Narzissten in der Regel keinen Spaß.

Kümmere dich nach der Trennung besonders gut um dich. Nach einer aufreibenden Zeit ist dein Körper noch im Alarmmodus und benötigt Zeit, wieder normal zu funktionieren. Gutes Essen, regelmäßiger Schlaf, Bewegung und soziale Kontakte sind unerlässlich, damit du wieder gesund wirst und dich wie du selbst fühlst – und nicht wie ein fremdgesteuertes Alien. *Ein „Nein" zu etwas, was dir nicht mehr guttut, ist immer auch ein „Ja" zu dir selbst.*

Checkliste: Scheidung mit Kindern

Niemand heiratet mit dem Gedanken an eine Checkliste zur Scheidung – aber hier sind wir nun. Damit du den Überblick behältst, kommt meine anwaltliche Kurzfassung.

1. Alltag und Sicherheit klären

- ☐ Wo leben die Kinder hauptsächlich?
- ☐ Wer übernimmt Betreuung im Alltag?
- ☐ Schule/Kita geregelt?
- ☐ Laufende Kosten überblickt?

2. Umgang und Sorgerecht

- ☐ Umgangszeiten festgelegt (Wochentage, Wochenenden)?
- ☐ Ferien- und Feiertagsregelung?
- ☐ Regelungen bei Krankheit/Schule/Urlaub?
- ☐ Gemeinsames oder alleiniges Sorgerecht?

3. Unterhalt und Finanzen

- ☐ Kindesunterhalt berechnet?
- ☐ Trennungsunterhalt geklärt?
- ☐ Ehegattenunterhalt geprüft?
- ☐ Unterhalt tituliert (Absicherung)?
- ☐ Gemeinsame Konten geregelt?

4. Wohnen

- ☐ Wer bleibt in der Ehewohnung?
- ☐ Miet- oder Eigentumsfragen geklärt?
- ☐ Zustimmung zum Umzug mit Kindern?
- ☐ Neue Wohnperspektive vorhanden?

5. Vermögen und Schulden

- ☐ Zugewinnausgleich geprüft?
- ☐ Schulden und Kredite aufgelistet?
- ☐ Hausrat aufgeteilt?
- ☐ Unternehmen/Selbstständigkeit berücksichtigt?

6. Versicherungen und Vorsorge

- ☐ Krankenversicherung der Kinder geregelt?
- ☐ Haftpflicht/Hausrat angepasst?
- ☐ Altersvorsorge und Rentenansprüche geprüft?
- ☐ Begünstigungen aktualisiert?

7. Behörden und Organisation

- ☐ Kindergeld geregelt?
- ☐ Steuerklasse geändert?
- ☐ Unterhaltsvorschuss/Bürgergeld geprüft?
- ☐ Kita, Schule, Arbeitgeber informiert?

8. Rechtliche Absicherung

- ☐ Anwaltliche Beratung erfolgt?
- ☐ Gerichtliche Vereinbarungen schriftlich fixiert?
- ☐ Sanktionen bei Verstößen geregelt?

9. Blick nach vorn

- ☐ Berufliche Situation geklärt?
- ☐ Betreuung langfristig organisiert?
- ☐ Eigene Entlastung und Unterstützung?
- ☐ Emotionale Stabilität für dich und die Kinder?

Raus aus dem Gedankenkarussell

Das folgende Kapitel zeigt dir, wie du dein Gedankenkarussell stoppst, Mindfuck erkennst und bewusst loslässt, was dir nicht guttut. Denn echte Klarheit entsteht oft erst dann, wenn wir aufhören, an Altem und Schädlichen festzuhalten und uns selbst und anderen vergeben.

Mindfuck vermeiden

Mit einer Trennung ist es so wie mit einer Krankheit oder Schwangerschaft: Plötzlich bist du allgemeines Eigentum und jeder, mit dem du darüber sprichst, hat nun 237 Tipps für dich und das dringende Bedürfnis, dir die Geschichten seiner Nachbarin oder Arbeitskollegin zu erzählen, die natürlich ganz schlimm waren und die armen Frauen an den Rand des Ruins oder Wahnsinns getrieben haben.

In einer Trennungssituation bekommst du deshalb ungefragt Ratschläge, was du jetzt *unbedingt* tun solltest. Und sobald die Trennung sichtbar wird, weil du ausgezogen bist, hast du ohnehin das Gefühl, alle reden über dich oder gucken dich komisch an, nur weil du jetzt getrennt bist. Dazu kommt die Challenge, dass du dich sowieso fast 24 Stunden am Tag mit deiner Trennung beschäftigst, weil …

- … du traurig bist und vielleicht das Gefühl hast, versagt zu haben,
- … du mit allen deinen Freunden darüber sprechen musst, was gerade los ist und was dein Ex-Partner gesagt oder getan hat, um für dich einzuordnen, ob das jetzt wirklich schlimm war oder es dir nur so vorkommt,
- … du dir Sorgen machst, wie es weitergeht und ob du das alles schaffst oder
- … du nach einer langen Phase in einer unschönen Beziehung ohnehin schon müde, kraftlos und mit den Nerven am Ende bist.

Bei einer Trennung ist es daher wichtig, dass du dich aktiv abgrenzt, um in deiner Stärke und Kraft zu bleiben, weil du dich selbst schon viel mit diesen Themen beschäftigst und auch dein Gehirn mal Ruhe braucht.

Merke:
Besprich deine Angelegenheiten nicht mit allen!

Genauso wenig, wie ein Metzger im Supermarkt dir einen kompetenten Rat zu deiner Endometriose oder Migräne geben kann, genauso wenig kann dir deine Nachbarin oder Kollegin bei der Beantwortung deiner juristischen Fragen oder der Festlegung einer Strategie helfen. Juristische Sachverhalte haben meist die Eigenheit, dass nur ein Fitzelchen anders sein muss – und schon passt die ganze Geschichte nicht mehr. Und die Horrorstory von XY, die eine kennt, die eine kennt, die nach ihrer Scheidung in eine psychiatrische Klinik musste und von Sozialhilfe lebt, macht zwar Spaß zu erzählen, aber helfen tut sie dir nicht.

Suche dir lieber einen engen Kreis von Vertrauten, die dir gerne zuhören und dich unterstützen möchten, sowie ein oder zwei Fachleute, mit denen du deine Gedanken besprechen kannst. Ungefragte Ratschläge sind auch Schläge – und die brauchst du nicht.

Uns allen widerfahren Situationen, die auf die eine oder andere Weise ungerecht und schmerzhaft sind. Je mehr wir uns dauerhaft damit beschäftigen, desto mehr schaden wir uns selbst, verlieren wertvolle Zeit und nehmen uns die letzten kleinen Glücksmomente – ebenso wie die Augenblicke, in denen das Leben leicht und schön sein kann. Plane deshalb bewusst Pausen in deinem Alltag ein, in denen du dich nicht mit der Scheidung oder deinem Ex-Partner beschäftigst.

How to „Loslassen“

Natürlich wissen wir, dass uns schwere und negative Gedanken in Dauerschleife rund um die Trennung nicht weiterbringen. Bestimmt hast du schon gemerkt, dass du dich viel mehr über Dinge ärgerst, wenn du müde, hungrig, gestresst oder überarbeitet bist. Sorge also gut für dich und deinen Körper, damit du dich nicht direkt angegriffen fühlst.

Einen Gefallen im Umgang mit schwierigen Gedanken tust du dir selbst, wenn du dir eines bewusst machst: Unser Gehirn kann immer nur *einen* Gedanken zur selben Zeit denken. Zwei Gedanken gleichzeitig zu verfolgen, ist neurologisch nicht möglich. Das bedeutet, dass wir aktiv wählen können, womit wir unseren Geist beschäftigen. Du kannst dich also den ganzen Abend auf dem Sofa darüber ärgern, was dein Ex-Partner alles falsch gemacht hat, wie gemein er in der Ehe zu dir oder den Kindern war – oder du beginnst, darüber nachzudenken, wie du deine neu gewonnene Freizeit künftig nutzen möchtest: für Hobbys, für die früher keine Zeit war, oder für einen Urlaub mit den Kindern am Meer, den du nie machen konntest, weil dein Ex-Mann immer lieber in die Berge wollte.

Auch solltest du dir gut überlegen, wie viel Zeit und Raum du deinem Ex-Partner nach der Trennung einräumen möchtest. Natürlich wirst du öfter an ihn denken, weil er Teil deines Lebens war und durch die Kinder und deren Belange immer wieder präsent sein wird. Allerdings ist es deine bewusste Entscheidung, wie viel Raum er tatsächlich in deinem Leben einnimmt:

Denkst du fast den ganzen Tag an ihn und ärgerst dich über alles, was er dir angetan hat, dann ist es so, als ob er immer noch rund um die Uhr da wäre. Und dann ist er – rein ob des zeitlichen Umfangs – so präsent, als ob ihr euch gar nicht getrennt hättet. Besser für dich und deine Seele ist es, wenn du aus Liebe und Fürsorge nicht nur die

Computerzeit deiner Kinder begrenzt, sondern auch dich auf einige Stunden am Tag oder in der Woche limitierst, in denen du dich mit dem Ex-Partner und allen Angelegenheiten, die ihn etwas angehen, beschäftigst.

Merke:
Positive Gedanken bringen dich weiter und an dein Ziel.

Heilen

Selbst meine reflektiertesten und klügsten Mandantinnen fragen sich im Laufe des Mandats, ob sie sich wirklich zu Recht getrennt haben oder ob nicht doch Aussicht darauf bestehen würde, die Situation mit dem Ehegatten vernünftig und friedlich zu regeln. Auch nach deiner Trennung kommt vielleicht dieser Moment, in dem du dich fragst: Habe ich wirklich richtig gehandelt? Oder hätte ich bleiben sollen? Hätte sich die Situation vielleicht doch noch ändern können? Diese Gedanken sind menschlich, aber sie halten dich in einer Schleife fest, die dich von deinem eigenen Wachstum abhält.

Sich immer wieder für dieselbe Entscheidung zu rechtfertigen, kostet Kraft, Zeit und Selbstvertrauen. Eine Trennung bedeutet nicht, dass es leicht war; sie bedeutet, dass du irgendwann erkannt hast, dass das Bleiben dich mehr gekostet hätte als das Gehen.

In dem Moment, in dem du beginnst, deiner Entscheidung zu vertrauen, beginnst du auch, dir selbst zu vertrauen. Du erinnerst dich daran, warum du gegangen bist: weil du Frieden, Freiheit und Selbstachtung verdient hast. Und genau das ist der Punkt, an dem Heilung wirklich beginnen kann: wenn du aufhörst, dich selbst infrage zu stellen, und anfängst, deinen eigenen Weg zu gehen. „Sich selbst zu lieben, ist der Beginn einer lebenslangen Romanze", sagte schon Oscar Wilde. Sei also stolz auf dich und auf alles, was du schon geschafft hast und noch schaffen wirst.

Vergeben

Nein, ich bin jetzt nicht völlig durchgedreht, sondern möchte dich auf diesen wichtigen Aspekt in jeder Trennung hinweisen. Auch wenn du ernsthafte Gründe hast, wütend, verletzt oder enttäuscht zu sein, was deinen ehemaligen Lebenspartner betrifft, schadet das langfristig am meisten dir selbst.

In einer Studie wurden die körperlichen Belastungen von Studierenden untersucht, die zuvor Aggressionen, Lügen, traumatischen Erfahrungen und Beleidigungen ausgesetzt waren. Die Probanden zeigten dabei deutliche körperliche Symptome, etwa somatische Beschwerden. Anschließend wurde ein Teil der Gruppe aufgefordert, sich über das erlittene Unrecht zu empören und wütend zu bleiben, während der andere Teil versöhnliche Gedanken zu den Vorfällen entwickeln sollte. Die Ergebnisse zeigten, dass bei den versöhnlichen Gedanken Stress und Wut deutlich abnahmen und sogar körperliche Reaktionen wie erhöhter Blutdruck und Puls zurückgingen. Zudem berichteten diese Teilnehmenden, wieder ein Gefühl von Kontrolle zu haben. Die Testpersonen hingegen, die an nachtragenden Gedanken festhielten, fühlten sich stärker ausgeliefert, waren trauriger und zeigten deutlich mehr körperlichen Stress.

Gleiches gilt natürlich auch nach einer Trennung: Bist du jeden Tag aufs Neue wütend auf deinen Ex-Partner, wird dein Leben in der Regel langfristig ziemlich freudlos bleiben, da der Körper sich mit diesen nachtragenden Gedanken ständig neu infiziert. Denkst du an all das Gute in der Beziehung, daran, was war, aber jetzt vorbei ist, und richtest dich hoffnungsvoll nach vorn aus, geht es dir schnell deutlich besser.

Hilfreich finde ich auch den Gedanken, dass es deinem Ex-Partner trotz Trennung offensichtlich nicht besonders gut gehen muss, denn: Zufriedene und glückliche Menschen haben selten das Bedürfnis, andere zu drangsalieren, zu beschimpfen, zu stalken oder sich andere Gemeinheiten auszudenken. Wirst du nach der Trennung beschimpft, drangsaliert, bedroht oder gar Schlimmeres? Dann bist du die eigentliche Siegerin!

Liebe ohne Angst – wie du Nähe zulässt, ohne dich zu verlieren

- Deutschlands bekannteste Liebes-Coachin zeigt dir den Weg zu echter Nähe
- Beziehungsmuster verstehen statt sich selbst infrage zu stellen – warum Nähe schwerfällt und was wirklich dahintersteckt
- Emotionale Blockaden lösen – mit klaren Einsichten und alltagstauglichen Impulsen für echte Verbindung

Nina Deißler

Du bist nicht beziehungsunfähig

216 Seiten
14,5 x 21,5 cm, Softcover
ISBN 978-3-8426-4286-7
€ 22,00 [D] · € 22,70 [A]

Der Ratgeber ist auch als eBook erhältlich.

humboldt
... bringt es auf den Punkt.

Bibliografische Information der Deutschen Nationalbibliothek
Die Deutsche Nationalbibliothek verzeichnet diese Publikation in der deutschen Nationalbibliografie; detaillierte bibliografische Daten sind im Internet über https://dnb.de abrufbar.

ISBN 978-3-8426-4304-8 (Print)
ISBN 978-3-8426-4305-5 (PDF)
ISBN 978-3-8426-4306-2 (EPUB)

Originalausgabe

Die Ratgebermarke der Schlütersche Fachmedien GmbH
Hans-Böckler-Allee 7, 30173 Hannover
www.humboldt.de
buchvertrieb@schluetersche.de
www.schluetersche.de

Gedruckt mit mineralölfrei hergestellten Druckfarben und Strom aus erneuerbaren Energien. Die eingesetzten Klebe- und Bindestoffe entsprechen den derzeitigen Umweltstandards, die vom RAL-Institut für Gütesicherung und Kennzeichnung geprüft wurden.

Lektorat: Nadja Diehm, Semikolon, Bregenz
Layout: Lichten, Kommunikation und Gestaltung, Hamburg
Covergestaltung: ZERO Werbeagentur, München
Icons: stock.adobe.com
Satz: Die Feder · Werbeagentur GmbH, Wetzlar
Druck und Bindung: Gutenberg Beuys Feindruckerei GmbH, Langenhagen